W0366404

Le corps est le seul langage qui ne ment pas

© Les Arènes, Paris, 2018
Tous droits réservés pour tous pays.

Les Arènes
27, rue Jacob, 75006 Paris
Tél : 01 42 17 47 80
arenes@arenes.fr

Le Corps est le seul langage qui ne ment pas se prolonge
sur www.arenes.fr

Constance Flamand-Roze

Le corps est le seul langage qui ne ment pas

25 histoires d'hypnose

les arènes

Pour toi, papa.

INTRODUCTION

Nous sommes comme des arbres. En deux parties. Il y a la partie visible. Chez l'arbre, ce sont le tronc, les branches, les feuilles. Cette partie change tout le temps : parfois, il y a un oiseau, un nid, une cabane, des enfants qui grimpent sur les branches. Il change au fil des saisons, qui le dénudent, lui prennent ses feuilles, le recouvrent de neige, lui offrent des fleurs ou des fruits… Chez nous, cette partie visible, c'est la conscience, logique, présente à ici et maintenant. C'est elle qui fait que nous réfléchissons, que nous analysons, que nous comprenons notre environnement, que nous agissons et interagissons.

Mais l'arbre a aussi des racines. Elles ne sont pas toujours visibles, quoique parfois on puisse les deviner sous la terre, par un renflement. Elles sont essentielles, vitales. Elles nourrissent la partie visible, elles lui donnent la vie, l'énergie, tout ce qui est nécessaire à son existence. Chez nous, même si le mot « racines » évoque notre histoire, notre passé, elles sont surtout notre partie non consciente : celle qui nourrit notre conscience, qui fait le travail pour nous sans que nous nous en rendions compte. C'est elle qui fait, par exemple, que nous pouvons effectuer un trajet familier en voiture sans nous en souvenir une fois arrivés à destination. C'est ce qui permet aux artistes de s'immerger totalement dans leur créativité lorsqu'ils sont inspirés. C'est la partie que sollicitent les sportifs lorsqu'ils mettent tout en œuvre pour gagner un match ou battre un record. C'est ce qui scotche les adolescents sur des jeux vidéo tandis que leurs parents s'égosillent. C'est quand le temps passe plus vite que le vent lorsque, assis sous un arbre en été, nous lisons tranquillement ou passionnément. C'est quand nous sommes « en transe » …

Alors l'hypnose, qu'est-ce que c'est ? Un état modifié de conscience ? Un processus actif qui nous met en hyper-éveil ? Une ouverture de chacun de nos sens pour accueillir un changement ? Une mise en mouvement ?

C'est un peu tout cela, en effet, mais c'est peut-être avant tout la réunion de l'arbre et de ses racines, l'écoute de notre partie non consciente pour mieux entendre notre partie consciente.

Le corps est le seul langage qui ne ment pas… Il est le porte-parole de nos émotions, de nos sensations, de nos ressentis intimes. Quand nous sommes confrontés à une maladie, à des douleurs, à des angoisses, à une addiction, notre cerveau prend de mauvais automatismes et notre corps en souffre. Le lien entre le corps et l'esprit est indéfectible, indéniable. Quand l'un souffre, l'autre s'exprime également, à sa façon. Alors peut-être que l'origine de notre symptôme est psychologique… ou peut-être pas… ce n'est pas très important. Seuls les mots du corps comptent, eux, ils sont réels.

À l'âge de quatorze ans, j'ai écouté la chanson de Téléphone *New York avec toi*. Une phrase m'interpellait, je la chantais en boucle : « Les flaques de peinture sur les murs ont parfois la couleur des sons que tu bois. » J'essayais de me représenter la signification de ces mots mis bout à bout, et je ne comprenais pas, mais j'aimais ça. Elle était pleine de sens, cette phrase, pleine des cinq sens. Elle me faisait curieusement du bien…

Alors, quand j'ai découvert l'hypnose, j'ai commencé à comprendre : chaque sens nous dit quelque chose sur ce que nous sommes et sur comment être mieux.

L'hypnose a été et est toujours, pour moi, une bouffée d'air pur, un nouveau regard sur mon rôle de soignante et de scientifique. C'est une fenêtre qu'on m'a un jour offerte et par laquelle je regarde désormais. Pratiquer l'hypnose, c'est pénétrer dans les racines de chacune des personnes qui viennent me demander de l'aide, et leur apprendre à apprivoiser cette partie d'elles-mêmes souvent négligée. C'est les aider à voir la couleur des sons qu'elles boivent.

CHAPITRE 1

L'hypnose à l'hôpital

Guillaume, super-héros du bloc !

L'HYPNOSE AU BLOC OPÉRATOIRE

Dans une vie antérieure, pas si lointaine, j'étais orthophoniste dans le service de neurologie d'un hôpital parisien. Je travaillais auprès de patients hospitalisés après un accident vasculaire cérébral, ou atteints de tumeurs au cerveau, d'épilepsie, de maladies dégénératives… Je travaillais également dans le service de neurochirurgie, dans lequel nous avons mis en place, le neurochirurgien, l'anesthésiste et moi, une activité fascinante : l'ablation de tumeurs cérébrales chez des patients éveillés.

Le principe est simple. Un patient présente une tumeur cérébrale dans la zone qui gère le langage : en retirant la tumeur, on risque d'altérer les capacités d'expression ou de compréhension. Le patient est donc éveillé pendant que le chirurgien opère. Mon rôle d'orthophoniste consistait à proposer au patient des tests de langage adaptés à la localisation de la lésion dans le cerveau, et à guider le chirurgien sur ce qu'il pouvait enlever sans risque et ce qu'il fallait préserver. Le cerveau ne souffre pas, il n'était donc pas ici question de douleur, mais de concentration, de connaissances et, surtout, d'une confiance absolue entre tous les participants de cette aventure.

En trio, nous avons pratiqué des dizaines d'opérations et avons été chaque fois surpris des réactions des patients. Ils étaient parfois épuisés, mais nous les avons vus également rire aux éclats à mes plaisanteries alors que leur crâne était littéralement ouvert. Tous tenaient le coup, longtemps : ces interventions durent en effet plusieurs heures.

C'est dans ce cadre que j'ai découvert l'hypnose : l'hypnoanesthésie qu'exerçait l'anesthésiste, bien sûr, mais également l'hypnose conversationnelle que je pratiquais, au début, sans le savoir. C'est le docteur Catherine Bernard, anesthésiste, qui me mit face à cette évidence lorsque je lui demandai de me raconter l'hypnose. « Tu le fais déjà, me dit-elle. Chaque fois que tu passes quatre heures avec un patient sur la table d'opération, qu'il a le crâne ouvert, et que le temps passe vite pour lui, qu'il se concentre sur tes tests, qu'il rit à tes histoires, qu'il chante avec toi… c'est de l'hypnose conversationnelle. Le lendemain du bloc, quand le patient dit : "C'était une aventure géniale", c'est qu'on a gagné ! »

C'est à ce moment-là que j'ai décidé de me former à l'hypnose thérapeutique.

Mais revenons à nos opérés !

Chaque patient est différent et a un univers propre. Nous le rencontrons à de nombreuses reprises avant la chirurgie, nous lui expliquons la procédure (avec laquelle il doit être en accord : il a toujours le choix d'être opéré « endormi », avec les risques de séquelles que cela comporte), et nous apprenons à nous connaître. Pendant l'opération, lors de la phase des tests qui permettent de guider le chirurgien, on propose au patient des exercices standardisés, mais on évoque également avec lui des sujets qui lui sont chers, afin de maintenir son attention et sa concentration en éveil. Je « fabriquais » donc en amont, pour chacun d'eux, un diaporama comportant des images de ses lieux préférés, de ses acteurs, films, chanteurs favoris… Nous pouvions ainsi parler des heures, tout en évaluant son langage et en gardant son attention en alerte, alors même que le chirurgien faisait son travail.

Chez l'adulte, il est déjà compliqué de supporter pendant plusieurs heures l'immobilité, la tête maintenue dans un étau de fer vissé dans le crâne, dans ce contexte particulier. Le patient ne doit pas s'agiter, il ne doit pas être paniqué. Pour y parvenir, il est important qu'il soit convaincu que la procédure est bénéfique pour lui. Le jeune enfant n'est pas conscient de cet intérêt, ce qui constitue une contre-indication à ce type de chirurgie. Les publications scientifiques font d'ailleurs état de la pratique de la chirurgie en condition éveillée chez des adolescents d'au moins douze ans.

Et pourtant, Guillaume avait neuf ans…

Guillaume est donc un jeune garçon de neuf ans. Il a fait ses premières crises d'épilepsie à l'âge de seize mois. Celles-ci sont secondaires à une lésion cérébrale située dans la zone du langage. Cela n'a pas du tout empêché Guillaume de parler, mais il a depuis trois ans des difficultés pour apprendre à lire et à écrire. Il est donc scolarisé dans une classe « spéciale », avec un retard d'apprentissage important. La lésion augmente rapidement, il faut l'enlever. Cela permettra également de limiter le nombre de crises de Guillaume : il est à l'âge des apprentissages fondamentaux et ceux-ci pourraient être affectés par son épilepsie. L'intervention doit donc avoir lieu relativement rapidement, avant que ses acquisitions ne soient trop perturbées.

Nous allons rencontrer Guillaume un certain nombre de fois avant l'opération, bien entendu. Il nous faut créer un lien avec ce jeune garçon, mais également avec ses parents. Ceux-ci sont séparés et s'occupent de Guillaume en garde alternée. Ils sont très attentifs au bien-être de leur fils, qu'ils font manifestement passer avant ce qui les oppose.

Guillaume a rencontré en premier lieu le neurochirurgien, puis l'anesthésiste. Il s'est montré très agité, ne tenait pas en place et disait des phrases inquiétantes, telles que « Maman va perdre son fils », qui témoignaient de son anxiété, et probablement de celle de sa maman. J'ai ensuite rencontré Guillaume, seul, sans ses parents. Il se montra alors tout à fait différent de ce que j'avais cru comprendre de lui. Il était sage comme une image, effectuait tous les tests de langage que je lui présentais, semblait détendu et souriant.

Nous avons donc longuement parlé en équipe de la possibilité d'une telle chirurgie chez un enfant si jeune et qui était parfois très agité. Les questionnements et les hésitations étaient nombreux : comment faire s'il bouge, s'il remue, s'il panique ? La tumeur étant très large, comment occuper et calmer Guillaume pendant des heures ? Mais comment aussi accepter de prendre le risque d'abîmer le langage d'un enfant si jeune en plein développement en l'opérant endormi ?

C'est là que l'hypnose conversationnelle prend tout son sens : le temps passe bien plus vite et de manière plus douce quand nos pensées sont tournées vers des choses agréables. L'hypnose conversationnelle n'est pas profonde, nous sommes juste un peu ailleurs et les événements « glissent » alors sur nous tranquillement. Dans cet état particulier, loin du bloc par la pensée, sans voir le temps passer, Guillaume pourrait sûrement traverser ce moment. Nous étions prêts à vivre cette aventure avec lui !

Il nous fallait, bien entendu, l'accord des parents. Il est presque inhumain de demander à des parents s'ils acceptent que nous endormions leur fils de neuf ans, que nous lui ouvrions le crâne, puis que nous le réveillions pour lui faire des tests de langage pendant au moins deux heures. Il faut pour cela tout le talent et le professionnalisme du neurochirurgien et de l'anesthésiste. Il faut pour cela la confiance absolue des parents envers des personnes qu'ils ne connaissent pratiquement pas et à qui ils vont confier la vie de leur enfant dans des conditions exceptionnelles. Il faut pour cela des parents qui oublient leurs peurs et leurs angoisses pour ne penser qu'à leur enfant. Toutes ces conditions ont été réunies, et l'opération de Guillaume a été programmée.

Nous avons eu quatre mois pour nous préparer à cette intervention, quatre mois au cours desquels nous avons tous rencontré Guillaume à plusieurs reprises. De mon côté, j'apprenais à le connaître, je découvrais ses goûts, ses héros préférés, ce qui le rassurait et ce qui lui faisait peur. À cette époque, mes enfants avaient presque le même âge. Nous avions donc des références communes ! Je connaissais ses dessins animés de prédilection, ses goûts alimentaires m'étaient familiers, j'entendais le même vocabulaire que le sien à longueur de journée !

La préparation de Guillaume a été complète : il a exprimé spontanément la peur qu'on lui coupe la tête. Nous lui avons donc fait rencontrer une petite fille de son âge qui avait été opérée du cerveau (endormie, par contre), et qui allait maintenant très bien. Elle a pu le rassurer et lui montrer que sa tête était toujours solidement accrochée ! Nous avons emmené Guillaume au bloc opératoire, en habillant son doudou de la tenue stérile. Il a rencontré toute l'équipe : le brancardier, la panseuse, l'infirmière…

De mon côté, j'ai, avec la collaboration de Guillaume, transformé mes tests standardisés et un peu rébarbatifs en jeux pour enfant : au lieu de devoir dénommer des images banales en noir et blanc, il devrait reconnaître ses personnages de dessins animés préférés, ses plats favoris, ses objets familiers.

Le jour J, Guillaume est fin prêt. Le matin de l'opération, il arrive accompagné de ses parents, qu'il embrasse avant de leur lancer un joyeux « à tout à l'heure ! » En suivant le brancard qui emmène Guillaume au bloc, je regarde ses parents, qui se forcent à sourire, et j'imagine leur angoisse et leur détresse. Mais, à ce moment-là, je ne me demande pas : « Est-ce qu'on a bien fait ? Est-ce qu'on ne serait pas complètement fous ? » Je me suis posé ces questions pendant quatre mois, ce n'est plus le moment !

Guillaume est installé et endormi pour l'ouverture de son crâne, puis réveillé par l'anesthésiste. Il est un peu agité, mais nous reconnaît tout de suite et se sent rassuré.

L'hypnose conversationnelle commence !

J'ai pu utiliser avec lui tout ce dont nous avions parlé ensemble : son héros préféré, Iron Man, a une armure qui le rend invincible ? Guillaume aussi ! Mais c'est une armure invisible, qui le rend très fort, et grâce à laquelle son super-pouvoir s'exerce… Quel super-pouvoir ? Guillaume est capable de rester immobile, sans bouger, pendant plusieurs heures ! Il peut parler, regarder des images, lire des mots sur l'écran de l'ordinateur… sans bouger ! Il pourrait même manger un triple cheeseburger s'il y en avait dans le bloc opératoire ! Guillaume rit, Guillaume pleure un peu parfois, mais se reprend tout de suite, en héros qu'il est. Et puis nous écoutons de la musique, nous chantons ses chansons préférées… Le temps passe, la tumeur disparaît peu à peu sous le scalpel du chirurgien. Toute l'équipe participe activement au bien-être et au confort de Guillaume. Il « oublie » où il est. Nous utilisons un vocabulaire propre à son âge et à ses goûts, pour l'emmener avec nous dans une aventure dont il est le héros et dont il va, bien entendu, sortir vainqueur !

Il faut également rester attentifs aux réponses de Guillaume aux tests de langage. Certaines stimulations du chirurgien bloquent le langage : il ne faudra pas enlever la tumeur à ces endroits précis.

Après deux heures d'effort, Guillaume peut se rendormir paisiblement : il a gagné ! Quatre-vingts pour cent de la tumeur ont été retirés !

Nous sortons du bloc, épuisés, un peu groggy, et nous restons tous les trois, le neurochirurgien, l'anesthésiste et moi, sans parler pendant de longues minutes. La cafétéria de l'hôpital ne sert plus à manger depuis longtemps, nous nous contentons donc d'un café que nous aurions bien arrosé de whisky si la journée avait été terminée. Nous sommes fiers de Guillaume et nous sommes aussi fiers de nous.

Quand Guillaume se réveille, il parle et bouge normalement. Il répond aux questions et dit qu'il est un peu fatigué.

Une semaine plus tard, les tests de langage que je pratique sur Guillaume sont normaux et ses réponses correspondent à ce qui est attendu pour son âge.

Un an plus tard, l'épilepsie de Guillaume est très bien contrôlée et ne gêne plus ses apprentissages. Il a récupéré un an de retard scolaire ! Il se souvient parfaitement de sa grande aventure et de toute l'équipe. Il s'intéresse beaucoup moins aux super-héros, maintenant qu'il en est un lui-même…

C'est toute mon expérience d'hypnose conversationnelle autant que l'aventure que nous avons vécue avec Guillaume qui m'ont fait comprendre l'étendue de ce que pouvait apporter l'hypnose, à bien des niveaux. Les patients opérés éveillés, pendant les tests, ne sont pas dans un état hypnotique « formel », mais l'hypnose conversationnelle leur permet de traverser ce moment très particulier de leur vie en toute sérénité. Avec ces patients, j'ai chanté les Bee Gees, j'ai récité les dialogues de la série *Friends*, j'ai discuté des heures entières de la façon dont on pouvait démonter et remonter le moteur d'une voiture, j'ai voyagé en Tunisie, en Sibérie, j'ai revu dans le détail toutes les règles du football… Tout cela pendant que, le crâne ouvert, le cerveau à l'air libre, les tumeurs disparaissaient sous les gestes du chirurgien. Pour chaque patient comme pour moi, les heures que durait l'opération passaient bien plus vite… Incroyable distorsion du temps !

Le chat et la grosse aiguille

UNE PONCTION LOMBAIRE SOUS HYPNOSE

Florence est une jeune femme de trente ans qui a été victime d'un accident vasculaire cérébral. La localisation de cet accident est à l'origine de ce que l'on appelle un syndrome de Wallenberg : Florence ne peut plus déglutir. Elle est prise en charge dans le service des soins intensifs neuro-vasculaires dans lequel je travaille, je suis donc amenée à la voir pour ce problème de déglutition. La rééducation va être longue, mais il faut avant tout effectuer des bilans et des tests afin de comprendre ce qu'il s'est passé. En effet, Florence est très jeune et ce genre d'accident est rare à cet âge. Les médecins prévoient donc pour elle une ponction lombaire (PL). C'est un examen classique en neurologie, qui consiste à prélever le liquide céphalorachidien (ce qui circule dans la moelle épinière) pour l'analyser et obtenir des informations sur la cause d'un tel accident.

Le matin de la PL, je vais voir Florence, comme chaque jour, pour travailler avec elle la mobilité de sa bouche, de sa langue et de ses lèvres. Je la trouve anxieuse, ne souhaitant pas travailler, alors qu'elle est habituellement ultra-motivée. Elle me raconte que, la veille, des amis « bien intentionnés » à qui elle a dit qu'elle devait avoir une ponction lombaire ont pris un air horrifié : « Quoi ? Une ponction lombaire ? Ma pauvre, tu vas souffrir le martyre ! Il y a même des gens qui restent paralysés après ça ! Ma cousine, tiens, elle connaît quelqu'un dont le beau-frère... », etc. ! Depuis, Florence panique... Normal. Elle a peur de la taille de l'aiguille, elle a peur de la douleur, elle a peur des séquelles... Elle est consciente que l'examen est nécessaire et ne compte absolument pas le refuser, mais elle est tendue et je sais que la ponction sera d'autant plus difficile que la patiente sera anxieuse.

L'idée de lui proposer l'hypnose ne met pas plus d'une demi-seconde à arriver à mon cerveau, alors que, en principe, je ne suis pas là pour ça : dans ce service, je suis orthophoniste, mon rôle n'est théoriquement pas de pratiquer l'hypnose. Je le ferai pourtant à plusieurs reprises, avant de décider de quitter le monde hospitalier, pas encore prêt à totalement intégrer l'hypnose clinique dans le soin quotidien des patients.

Florence, elle aussi, est sceptique quand je lui propose de l'aider avec l'hypnose. Je lui explique donc que je ne vais ni l'endormir ni lui faire faire quoi que ce soit qu'elle ne voudrait pas faire. Je vais simplement lui proposer de partir dans un lieu ou dans un moment dans lequel elle se sent bien et où elle sera tout à fait détendue.

Je lui explique aussi le principe de l'hypnoanalgésie.

Il y a des mots qui font mal. Il y a des souvenirs qui font mal. Si vous pensez à un moment particulièrement désagréable, voire douloureux, de votre vie, vous allez sans doute ressentir quelque chose de déplaisant dans votre corps : une boule dans le ventre, le cœur qui s'accélère, une difficulté à déglutir… À l'inverse, si vous évoquez un moment doux, serein, joyeux, vous ressentirez de la légèreté et du plaisir, dans votre corps comme dans votre esprit. Le corps et l'esprit sont très fortement liés, et interagissent en permanence. Si vous apprenez une triste nouvelle, peut-être allez-vous pleurer, alors que personne ne vous frappe physiquement : les larmes sont une réponse de votre corps à votre esprit. Si vous entendez une histoire drôle, vous allez rire, alors que personne ne vous chatouille : votre rire est une réponse de votre corps à votre esprit. Le lien est indéfectible.

Dans un moment potentiellement douloureux, comme un examen médical ou une visite chez le dentiste, vous pouvez laisser votre esprit se promener dans un souvenir agréable, afin que votre corps réponde par la sensation de bien-être qu'il ressentait alors. Rappelez-vous vos dernières vacances… Vous vous souvenez ? Le sable fin, l'eau turquoise, l'odeur d'une crème solaire… Ou bien cette promenade en montagne qui sentait si bon l'air pur et les conifères, pendant que votre corps tout entier se nourrissait d'oxygène. Ou encore un fou rire avec des amis, un repas en famille, le câlin d'un enfant… Nous nous souvenons avec tous nos sens, tout notre cerveau. Faire revenir ces souvenirs à notre mémoire sensorielle permet à notre corps de ressentir le confort, la douceur du moment.

Les suggestions hypnotiques d'analgésie peuvent être utilisées afin de diminuer une intensité douloureuse : vous imaginez, par exemple, un curseur, un thermostat, que vous pouvez tourner pour abaisser la sensation. Ou bien vous pouvez utiliser la réification : transformez la sensation en chose (par exemple, la douleur est un feu ardent, rouge et jaune), puis transformez la chose pour transformer la sensation (on peut éteindre le feu en visualisant une fontaine, ou une cascade très fraîche, qui coule doucement sur la zone d'inconfort… et, tranquillement, le feu s'éteint, le rouge est moins vif, la sensation est plus fraîche…).

En 1997, Pierre Rainville et ses collaborateurs ont mené une expérience très intéressante : ils ont demandé à des sujets de plonger la main dans une eau très chaude à 47 °C, et ont étudié les réactions de leur cerveau à l'état d'éveil et sous suggestions hypnotiques. L'étude a démontré que les suggestions hypnotiques d'analgésie (« la sensation de votre main est confortable, vous ne ressentez que du confort et de la tiédeur ») étaient efficaces pour diminuer la sensation de brûlure. En effet, la sollicitation de certaines zones cérébrales par des mots et des images provoque une augmentation du flux sanguin dans une région particulière du cerveau, diminuant ainsi la sensation désagréable. Les deux composantes de la douleur (sensorielle et affective) sont donc modifiées par l'hypnose. Les mêmes auteurs ont montré l'importance de la relation thérapeutique dans le traitement de la douleur par l'hypnose. L'amplitude de la réduction de la douleur est d'ailleurs plus marquée pour la composante affective (87 %) que sensorielle (44 %).

Après toutes ces explications, Florence est partante.

Elle évoque son lieu de sécurité. Ce sont ses soirées, après une journée de travail : elle s'installe dans sa chambre pour lire un roman d'amour ou d'aventures, pendant que ses deux chats, Chouchou et Loulou, viennent se coller à elle. C'est un espace de détente absolue pour elle. Elle me raconte ce moment quotidien et cette seule évocation semble l'aider à se relâcher. Le nom des chats m'évoque par ailleurs une série télévisée bien connue, et nous en profitons pour faire le lien et rire de nos souvenirs !

Quand le médecin entre dans la chambre avec son étudiant et l'infirmière qui porte le plateau comportant les instruments nécessaires, Florence semble déjà plus tranquille.

Moi en revanche... Je comprends que c'est l'externe, étudiant en troisième année de médecine, qui va pratiquer sa première ponction lombaire ! Il a l'air inquiet et absolument pas sûr de lui. Je lance un regard désespéré à l'interne, que je connais très bien, et dans lequel il est censé lire : « S'il te plaît, fais la ponction toi-même ! » Mais il se contente de me sourire et de lever son pouce en articulant silencieusement : « Génial, on va faire une PL sous hypnose ! »

Florence s'installe donc, assise au bord de son lit. Je suis sur une chaise en face d'elle et l'attrape dans mes bras. La tête posée sur mon épaule, elle doit faire le dos rond. Derrière elle, l'externe se lave les mains et commence son travail. J'emmène Florence dans son lieu de sécurité et dans son moment apaisant, afin de l'éloigner de la chambre d'hôpital.

« C'est la fin de la journée, Florence, vous rentrez enfin chez vous après de longues, mais fructueuses heures de travail… En glissant la clé dans la serrure, vous entendez déjà vos chats, qui vous attendent impatiemment. Vous pouvez poser votre manteau, votre sac et vos chaussures, et vous installer confortablement sur votre lit avec un roman d'aventures. Vos chats s'allongent tout contre vous. Vous entendez leurs ronronnements, vous sentez la douceur de leurs poils sous vos mains, quand vous les caressez doucement. Il y a également leur odeur, familière, rassurante. Parfois, ils vous donnent un petit coup de langue râpeuse et affectueuse (la friction de la compresse betadinée qui désinfecte la zone du dos de Florence), cela vous chatouille, c'est rigolo… (Je vois l'externe prendre une grande inspiration et approcher l'aiguille de la colonne vertébrale.) Parfois, un des chats vous donne un petit coup de griffe, quand il veut jouer, ou bien quand il réclame votre attention (l'aiguille s'enfonce dans la peau, nous retenons notre souffle : si du liquide s'écoule, c'est que c'est réussi. J'interroge l'interne du regard : il me fait "non" de la tête. Il faut recommencer à piquer. Florence n'a pas bougé). Mais pour l'instant, vous êtes trop passionnée par votre roman ! C'est l'histoire d'une héroïne des temps modernes, qui combat pour atteindre son but. Elle traverse des aventures incroyables, elle brave tous les dangers, mais elle va finir par atteindre son objectif ! (L'externe est prêt à "y retourner", frotte à nouveau le dos de Florence avec une compresse.) C'est bientôt la fin de votre livre, et c'est le moment que choisit Chouchou, votre chat roux, pour vous lécher à nouveau avec toute sa tendresse… Mais il a vraiment envie de jouer avec vous, ou bien de manger, alors il insiste par un nouveau petit coup de griffe ! (Quelques instants de suspense… regard interrogateur à l'interne… "oui" de la tête et grand sourire : c'est bon !) Alors si vous le souhaitez, vous terminez votre page, puis vous allez tranquillement refermer votre livre et donner à manger à vos chats ! »

Nous allongeons Florence dans son lit. Je pousse un « ouf » de soulagement intérieur. L'externe vient sans doute de vivre un des plus grands moments de sa toute jeune carrière, l'interne est ravi, tout s'est déroulé dans le calme et le silence absolu.

Florence, bien installée dans son lit, me dit alors : « Mais, finalement, on ne la fait pas, la PL ? »

La sonde et les tomates

POSER UNE SONDE NASO-GASTRIQUE SOUS HYPNOSE

Nathalie est une jeune femme d'une trentaine d'années dont la sclérose en plaques (ou SEP) répond plutôt bien au traitement et l'a laissée relativement tranquille ces dernières années. Mais depuis quelque temps, elle a dû arrêter les médicaments, qui lui donnaient des effets secondaires, et est hospitalisée dans le service de neurologie pour une poussée (plutôt une flambée…) de SEP.

La sclérose en plaques fait partie de ces maladies dont on ne guérit pas. C'est une pathologie neurologique évolutive qui a des conséquences physiques, émotionnelles et cognitives importantes. Les patients présentent des troubles moteurs et sensoriels, des douleurs chroniques, une fatigue importante, des troubles vésico-sphinctériens. Par ailleurs, il peut exister un déclin cognitif, et l'apparition d'une dépression est fréquente. Une poussée de SEP, c'est un moment pendant lequel les symptômes neurologiques apparaissent et durent plus d'une journée sans interruption. Les signes s'installent en quelques heures ou en quelques jours et peuvent persister plusieurs semaines avant de régresser. Cette régression est le plus souvent sans séquelles au début de la maladie, mais la persistance de signes neurologiques en fin de poussée est fréquente avec l'évolution. Il peut s'agir de symptômes oculaires (baisse de la vision), sensitifs (fourmillements, impression d'être anesthésié…), moteurs (faiblesse musculaire d'un membre), mais également de troubles de la coordination des mouvements, de troubles de l'équilibre ou de troubles urinaires.

Nathalie, elle, peut à peine bouger, mais, surtout, elle ne peut plus avaler. Elle fait des fausses-routes à la salive, et l'alimenter par la bouche serait fatal à ses poumons. Il faut donc lui poser une sonde naso-gastrique, c'est-à-dire un tuyau qui va entrer dans son nez, puis descendre dans son estomac, afin de la nourrir et de lui donner ses traitements.

Les infirmières ont eu beau essayer à plusieurs reprises, cela ne marche jamais. Nathalie a un réflexe nauséeux très prononcé et elle manque de vomir chaque fois que la sonde passe la narine. Les infirmières m'appellent alors, comme elles en ont l'habitude, quand il y a des poses difficiles. Je vais donc essayer à mon tour, en mobilisant manuellement sa trachée, comme j'ai coutume de le faire.

Il y a une réelle contradiction dans la pose d'une sonde naso-gastrique : on la met au patient parce qu'il ne peut plus avaler, mais on lui demande justement d'avaler au moment où la sonde arrive dans la gorge. Le fait de provoquer une déglutition « manuellement » permet, dans la plupart des cas, de remédier à cette incohérence.

Mais cela ne résout pas le problème du réflexe nauséeux de Nathalie. Je ne vois plus qu'une solution : l'hypnose. Nathalie est spontanément d'accord : elle a lu le livre de David Servan-Schreiber et est tout à fait motivée.

Je lui demande donc de me raconter un souvenir agréable de sa vie. Sur le moment, je pense surtout à l'apaiser et à détourner son attention de la pose de la sonde, afin de « tromper » le réflexe nauséeux. Le souvenir de Nathalie se déroule sur un bateau (drôle d'idée pour une nauséeuse… mais je vais sans doute pouvoir m'en servir. À ce moment, je ne sais pas encore comment !). C'est le jour où elle a appris à barrer, où elle a découvert le bruit du vent dans la grand-voile, de l'eau contre la coque, où elle a ressenti le mouvement du bateau sur la mer Méditerranée. Elle est en famille, avec ses parents et ses frères et sœurs. Il y a également des amis. Ils font une croisière autour des îles grecques. C'est l'été, le ciel est d'un bleu pur et absolument limpide, le soleil est brûlant. Sur le bateau, elle n'a pas le mal de mer. Tout se passe bien, avec de légers embruns sur son visage, l'odeur de la mer et des crèmes solaires, la douceur du vent dans ses cheveux… Le bateau arrive dans une petite crique isolée, et tout le monde va pouvoir s'arrêter, se reposer en dégustant de délicieuses tomates cœurs-de-bœuf et en savourant un ouzo bien mérité !

Nathalie est végétarienne, elle aime la nature, les animaux, les grands espaces. Nous commençons donc notre balade en bateau. Elle peut respirer à pleins poumons l'air vivifiant du large, sentir le soleil sur son visage. Elle est tout à fait détendue quand, une dizaine de minutes plus tard, l'infirmière et l'aide-soignante arrivent avec le plateau. La pose de la sonde commence. Nathalie s'agite un peu, mais je la rassure en lui parlant du grand air qu'elle peut inspirer à loisir, de l'immense espace qui s'ouvre à elle, et des légères gouttes d'eau sur sa peau. La sonde glisse dans le nez, et je crois qu'on a fait le plus dur. Pourtant, il faut maintenant passer le pharynx pour entrer dans l'œsophage. Pour cela, il faut une déglutition, mais Nathalie bloque. Le réflexe nauséeux se réveille, et je sens son corps se crisper. Il est temps, peut-être, de prendre un apéro sur le pont, après une grande journée de navigation, et de préparer une bonne salade de tomates cœurs-de-bœuf qu'elle aime tant, des tomates bien craquantes et juteuses, légèrement sucrées, qui vont laisser dans la bouche un goût frais. Nathalie salive, déglutit… la sonde est passée ! Elle va pouvoir être réalimentée, reprendre des forces, puis une alimentation par la bouche dès que possible.

Les infirmières décident alors que toutes les poses de sondes naso-gastriques se feront maintenant sous hypnose ! Pourquoi pas ?

CHAPITRE 2

La magie contre les tics

Colombe et le gentil monstre vert

LE TIC DU HAUSSEMENT D'ÉPAULE

Après que j'ai quitté l'hôpital, la pratique de l'hypnose a occupé toutes mes journées. Mes patients m'étaient pour la plupart adressés par leur neurologue et les pathologies auxquelles j'ai eu affaire étaient donc pour la plupart d'origine neurologique. Les tics en font bien entendu partie.

Quand j'ai rencontré Colombe pour la première fois, j'ai pensé qu'elle ressemblait à un homme célèbre. Son tic lui donnait un petit quelque chose d'un ancien président de la République, peut-être. En allant chercher dans la salle d'attente cette petite fille de cinq ans, ce parallèle avec un homme dix fois plus âgé qu'elle m'a d'abord amusée. Colombe a plusieurs tics. L'un d'eux est relativement classique : un mouvement de l'épaule, unilatéral, comme si elle haussait un côté de son corps par une demi-indifférence. C'est une petite brunette souriante qui attend sagement son tour, son immobilité seulement interrompue par le mouvement saccadé et irrégulier de son épaule.

Elle est accompagnée de sa maman, qui me raconte leur histoire.

Colombe et sa famille viennent d'Italie. Son papa a été muté à Paris il y a un an. Ses parents se sont rencontrés en Algérie, d'où est originaire la maman, lors d'un séminaire de l'importante société internationale dans laquelle tous deux travaillent. Amoureuse, la jeune femme a suivi son mari en Italie, où Colombe est née. Puis ce fut le départ pour la France. La maman de Colombe se retrouve sans travail, s'ennuie, a du mal à faire des rencontres. Colombe apprend très vite le français, avec cette surprenante capacité qu'ont les enfants à communiquer et à apprendre.

Colombe se fait rapidement des amis à l'école, elle s'intègre très bien dans sa nouvelle vie et semble heureuse. Mais la famille a quitté son cocon ensoleillé de la campagne italienne pour une ville froide et dure et des tensions apparaissent : les parents se disputent, la maman est souvent triste. Colombe le ressent.

Je lui jette un coup d'œil pendant que sa maman me raconte leur histoire. La petite fille semble écouter ce récit d'un coin d'oreille. Sa petite épaule gauche continue à faire le va-et-vient entre les hauts et les bas de sa vie, et sa bouche semble hésiter entre un sourire et une grimace.

Depuis plusieurs mois, la petite fille a développé des tics, petit à petit. Chez Colombe, ce ne sont que des mouvements, jamais des sons ni des mots. Mais ils ne passent pas inaperçus pour autant. La maman comprend très bien qu'ils sont l'expression d'un malaise, mais elle ne sait pas comment aider sa petite fille.

Si les tics de Colombe ne sont pas sonores, il arrive que les séries de mouvements soient accompagnées de mots, de sons. Les tics sont déconcertants pour l'observateur. Leur apparition semble souvent brutale. Chaque mouvement, chaque son que peut produire un être humain peut devenir un tic. Ils sont stéréotypés chez une même personne. Le mot est entré dans le langage courant, avec nos fameux « tics de langage », les « heu… », les « en fait » ou le très en vogue « du coup ». Ils apparaissent le plus souvent dans l'enfance, mais peuvent persister à l'âge adulte et sont alors non seulement plus sévères, mais aussi plus difficiles à faire disparaître, nous verrons pourquoi un peu plus loin. Les garçons sont statistiquement plus souvent touchés que les filles, mais aucune étude n'a pu expliquer pourquoi. Les tics sont présents dans toutes les cultures, comme une manifestation anxieuse, quelles qu'en soient les raisons.

Dans les tics, nos actions volontaires sont dépassées par des mouvements involontaires. Ils ont été étudiés par les scientifiques, neurologues, psychiatres, pédiatres… Et très bien répertoriés. Il y a les tics simples, qui sont brefs (moins d'une seconde), soudains, sans signification, comme des clignements d'yeux, des grimaces, des secousses de la tête, des bras ou des jambes, des haussements d'épaules, comme pour Colombe, des toussotements ou des raclements de gorge. Les tics complexes sont plus longs et immédiatement chargés de sens, comme se passer la main dans les cheveux, prononcer des mots ou des phrases.

On évoque assez peu une composante importante du tic : la sensation prémonitoire. Il s'agit d'un phénomène désagréable qui précède de quelques secondes l'arrivée du mouvement et qui serait ressenti par 80 % des « tiqueurs ». Difficile à décrire par le patient, la sensation disparaît dès la production du mouvement ou du son. Elle serait même un signe avant-coureur plus pénible que le tic lui-même, qui deviendrait alors une réponse radicale ou partielle à cette gêne. Les patients me racontent souvent qu'ils peuvent contrôler le désagrément quelque temps, jusqu'à ce que le tic devienne la seule solution.

D'après mon expérience auprès de jeunes et moins jeunes tiqueurs, le taux de patients ressentant cette sensation prémonitoire est bien plus élevé que les 80 % dont fait état la littérature scientifique. Simplement, elle est parfois difficile à identifier et à reconnaître par le patient lui-même. Il ne l'évoque pas spontanément, et il est donc nécessaire de lui poser clairement la question. Les visages s'éclairent alors et la réponse est souvent : « Mais oui, c'est vrai, je ressens un petit quelque chose ! »

D'un point de vue neurophysiologique, les tics ont été étudiés grâce aux techniques d'imagerie (imagerie par résonance magnétique ou IRM). Il a été montré que les tics correspondent à l'association d'une activité excessive des circuits moteurs et d'une réduction de l'activation des circuits du contrôle moteur : il y a trop de mouvement et pas assez de contrôle.

Le tic est parfois discret, mais devient souvent envahissant dans le quotidien des patients : les enfants sont moqués à l'école, les parents s'énervent (« Pourtant je lui dis tout le temps d'arrêter, mais il n'en fait qu'à sa tête ! »), et les adultes essaient en vain de les dissimuler. Un patient d'une trentaine d'années dont le tic consistait à secouer sa tête m'a dit un jour : « Je préférerais trembler comme un parkinsonien, là, au moins, on saurait que je ne suis pas dingue. »

Je rencontre souvent des personnes qui viennent me voir à la demande de leur conjoint ou de leurs parents, qui souhaitent voir disparaître le symptôme, alors qu'elles-mêmes ne semblent pas si pressées de s'en débarrasser. Mais jamais je n'ai rencontré aucun tiqueur voulant garder son tic.

Les spécialistes se sont donc penchés sur ce phénomène étrange et invalidant. Au début du XXe siècle, des psychiatres ont avancé l'hypothèse selon laquelle le tic serait la manifestation des pulsions anales et érotiques, il y aurait un plaisir narcissique dans le tic. Les tiqueurs furent pris en charge en psychothérapie. Cette théorie est restée à la mode jusque dans les années 1960, mais le traitement fut un échec.

Les médicaments ont alors été proposés, en particulier l'halopéridol, qui est un antagoniste dopaminergique, c'est-à-dire un neuroleptique. Ses effets secondaires – des contractions musculaires, des douleurs, de la fatigue, voire de l'apathie – sont souvent décourageants. Certains traitements, comme la toxine botulique (le fameux botox antirides) et le topiramate (un antiépileptique), se sont focalisés sur la sensation prémonitoire et la diminuent pendant environ trois à quatre mois.

Certaines formes très sévères de tics peuvent bien répondre à un traitement chirurgical : la stimulation cérébrale profonde. Les tics sont alors diminués de 70 %, mais la technique reste invasive et réservée aux formes particulièrement graves.

Les patients sont souvent méfiants quant à l'introduction d'un médicament dans leur vie, surtout si son efficacité n'est pas totale et ses effets secondaires lourds. Ils cherchent alors une approche différente. Les thérapies cognitivo-comportementales, issues du modèle de renversement des habitudes, ont donné de bons résultats : les patients notaient une diminution de la fréquence de leurs tics de 75 % à 100 % ! Cette technique se fonde sur le contrôle du tic et reste donc coûteuse en énergie, inconfortable, bien qu'efficace. En effet, le contrôle du tic ne permet pas de soulager de la sensation prémonitoire. L'effort est trop important, le patient devant en toute conscience contrôler son tic.

Quant à la prise en charge des tics par la relaxation, elle prend tout son sens si l'on admet que l'anxiété peut majorer la fréquence et l'intensité des tics. Cependant, les patients signalent fréquemment que leur tic apparaît également dans des situations de relâchement. Les techniques de relaxation pourraient donc contribuer à créer, à moyen comme à long terme, un environnement moins anxiogène, mais elles n'auraient pas d'effet spécifique sur les tics eux-mêmes.

Alors, l'hypnose ? Les études publiées ont montré une réduction temporaire de la sévérité ou de la fréquence des tics pendant que le patient est dans un état d'hypnose. Rappelons-nous que dans le tic, nos actions volontaires sont dépassées par nos actions involontaires. La suggestion hypnotique permettrait de faire tomber les barrières entre mouvement volontaire et involontaire. D'après Franck Zahm, en 1987, l'approche par l'hypnose consiste en l'évocation d'un souvenir agréable, puis en techniques de relaxation. Le thérapeute incite ensuite au contrôle du mouvement : il introduit chez les patients la notion du bouton « stop tic ». Cette technique, coûteuse en énergie pour le patient, a montré peu d'efficacité. Jeffrey Lazarus, en 2010, a publié une étude dans laquelle les patients étaient entraînés à l'auto-hypnose de façon intensive, avec un support vidéo pour favoriser le contrôle du mouvement. Cette étude a montré des résultats très prometteurs.

Quelle que soit la méthode utilisée, la motivation et l'implication du patient et de l'entourage ont un rôle majeur dans la prise en charge.

Colombe me semble être une petite fille pleine de ressources. Elle est à l'aise, s'installe spontanément dans le fauteuil, me regarde bien en face. Elle porte un magnifique tee-shirt orné d'un papillon rose à paillettes. Elle semble ravie lorsque je la complimente à ce sujet. Elle me dit qu'elle aime son papillon, qu'il est très gentil. À cinq ans, l'imagination est déjà nourrie de certaines expériences, et n'est pas encore pervertie par la réalité. Tout est possible, tout existe, même un gentil papillon sur un tee-shirt. C'est pour cela que je choisis d'aborder son tic sur le plan de l'agentivité.

L'agentivité, c'est l'expérience consciente de nos actions et du contrôle que nous en avons. C'est la prise de conscience de nos actes, et donc le sentiment de propriété des parties du corps. Quand notre sens de l'agentivité est conservé, nous avons le contrôle de nos actions, et, à travers celles-ci, des événements du monde extérieur. Elle est au cœur de l'idée que nous avons de la responsabilité de nos propres actions : nous en sommes les agents. Une action nous est donc attribuée quand elle suit l'intention de la produire.

Dans le cadre de la prise en charge des tics, les patients avec une forte sensation prémonitoire montrent une conscience de l'intention tardive, alors que ceux capables d'inhiber leur tic volontairement montrent une conscience de l'intention bien plus précoce.

Il fallait redonner à Colombe la sensation et la certitude qu'elle est l'agent de ses actes, que c'est elle qui décide. Nous avons alors évoqué cette fameuse sensation prémonitoire. Celle-ci est souvent décrite comme plus désagréable que le tic lui-même. Certains patients opérés, et dont le tic a été « inhibé », demandent qu'on le leur rende ! Mais cela est très simple à comprendre : imaginez que vous ayez une petite noisette « coincée » dans la gorge… ça chatouille, c'est désagréable… c'est la sensation prémonitoire. Pour la soulager, vous toussez. Imaginez à présent que l'on inhibe votre réflexe de toux, et que vous deviez garder cette sensation dans votre gorge… Mon idée a donc été : s'il n'y a plus de sensation prémonitoire, y a-t-il encore un tic ? J'ai posé cette question à chacun de mes patients tiqueurs, et tous m'ont répondu « non ». Il m'a donc semblé que c'était une bonne piste : agir sur la sensation plutôt que sur le tic, que l'on choisirait alors de ne plus évoquer.

Les patients tiqueurs ont une sorte de retard dans la conscience de l'intention. Ils pourraient donc agir en amont du mouvement, au moment même où apparaît la sensation prémonitoire, et rétablir ainsi le sens de l'agentivité. C'est là que l'imagination des enfants fait des merveilles, et que la rationalité des adultes ralentit parfois le processus. Il faudrait alors transformer la sensation prémonitoire en chose, c'est-à-dire la réifier. Puis, en transformant la « chose », vous modifiez la sensation ! Réifier la sensation prémonitoire permet de la reconnaître ensuite très facilement, dès les prémices sensorielles, et d'agir pour la faire disparaître ou la transformer… et ainsi ne pas avoir besoin d'accomplir le tic.

« Colombe, est-ce que tu ressens quelque chose juste avant de lever ton épaule, comme tu le fais maintenant ?

— Je ne sais pas...

— Ferme les yeux. Très bien. Pense bien à ton épaule et dis-moi dès que tu ressens quelque chose, d'accord ?

— Là ! J'ai senti !

— C'était quoi ?

— Heu...

— C'est de quelle couleur ?

— Vert !

— Ça a quelle forme ?

— Un rond ! C'est un petit monstre vert tout rond qui arrive sur mon épaule !

— Et il te dérange ? C'est pour cela que tu bouges l'épaule ? Pour le faire tomber ? »

Colombe semble outrée que je veuille faire tomber son monstre.

« Mais non, il est tout gentil, mon monstre ! Il sourit, il est mignon, il ne faut pas qu'il tombe ! Il veut juste me faire des bisous sur la joue, mais il n'y arrive pas. Alors je monte l'épaule pour l'aider. Mais ça ne marche pas.

— Alors qu'est-ce qu'il faudrait faire ? »

Colombe est assise sur le fauteuil, les yeux fermés, paisiblement. Sa respiration est profonde, elle déglutit parfois. Elle pose alors un sourire sur son visage et sa main sur son tee-shirt.

« Pour qu'il monte jusqu'en haut, mon papillon magique pourrait venir le chercher. Le monstre vert monterait sur le dos du papillon et viendrait sur ma joue. »

C'est alors que la maman de Colombe intervient :

« Mais Colombe, parfois on le met au sale, ton tee-shirt… »

Colombe ouvre les yeux et regarde sa mère, un peu étonnée que sa maman, une adulte qui sait tant de choses, puisse ne pas être au fait de cette évidence :

« Mais, c'est un papillon, il peut quand même s'envoler en dehors du panier de linge sale quand j'ai besoin de lui ! »

Je trouve cela particulièrement logique, et plein de bon sens. Je propose alors de voir avec Colombe si son papillon magique « marche bien ». Dès qu'elle sent que le petit monstre sur son épaule a envie de lui faire un bisou, elle pense tellement fort à son papillon qu'elle peut le voir venir chercher le petit monstre vert et l'approcher de sa joue. Colombe esquisse un sourire et pose la main sur sa joue. Elle me chuchote : « Ça y est, il est là… » Son épaule n'a pas bougé.

Nous décidons de nous revoir un mois plus tard pour faire le point sur le monstre vert. Je n'ai jamais revu Colombe. Une semaine avant notre rendez-vous, sa maman m'a appelée pour me dire que le petit monstre était bien installé sur la joue de Colombe, qu'elle ne le sentait même plus, et que son épaule ne faisait que ce que Colombe voulait qu'elle fasse ! Ni Colombe ni ses parents n'ont plus jamais évoqué le tic ni le monstre.

Les papillons magiques existent donc…

Clémence et le perroquet bleu

LE TIC DES BRAS, DES JAMBES ET DE LA BOUCHE

C'est Clémence la première qui m'a fait comprendre la magie. Quand je la rencontre, elle a neuf ans. Elle ressemble à une fée. Un visage d'ange, des boucles blondes, de grands yeux bleus... et des tics. Ses tics ont envahi ses bras, ses jambes et sa bouche. Ses membres bougent sans arrêt, et sa bouche s'ouvre comme un bâillement quasi permanent.

Elle vient me voir avec sa maman, qui me raconte que Clémence a été témoin de scènes de violence entre sa demi-sœur de vingt ans et le père de celle-ci : des coups, des portes enfoncées, des cris, du sang dans la bouche...

Depuis, les tics de Clémence sont apparus, nombreux, amples et fréquents. La petite fée trouve que « c'est pas très drôle, les tics ». Les autres enfants se moquent d'elle à l'école. Elle a essayé différentes approches, comme la psychothérapie et la thérapie cognitivo-comportementale. Celles-ci l'ont aidée à exprimer ce qui l'avait effrayée il y a quelques années, et elle a pu ainsi comprendre l'origine de ses difficultés, mais cela ne l'a pas aidée à trouver la solution.

Je n'arrive pas à imaginer ce que peut vivre cette petite fille au quotidien. Ses membres bougent gracieusement, mais sans arrêt. À chaque fois que sa bouche s'ouvre, je m'interromps, car je crois qu'elle est sur le point de nous dire quelque chose. Mais non, il s'agit simplement du tic.

Clémence semble un peu étonnée que je ne sois pas un très vieux monsieur avec les yeux qui tournent, un pendule à la main et des « choses bizarres qui tournent partout autour de nous ». Elle me fait rire, car je vois tout de suite les représentations que beaucoup de personnes ont encore de l'hypnose. Clémence rit avec moi, et nous évoquons ensemble Kaa, le serpent hypnotiseur de Mowgli dans le dessin animé *Le Livre de la jungle*. Je lui demande si elle est déçue de ne pas être en présence d'une sorte de mage dont les yeux tournent, et c'est à elle d'éclater de rire : « Ah non, je préfère ! Tu as l'air normale ! » La confiance est donc établie entre nous.

Chez les patients qui, comme Clémence, présentent des tics multiples, il est difficile de réifier une sensation prémonitoire précise, car les tics sont tous différents et les sensations également. Clémence semble d'ailleurs perdue avec cette question, elle me dit qu'« il y a trop de sensations ». Les bras, les jambes, la bouche… tout bouge, tout se tord, mais Clémence reste gracieuse dans chacun de ses gestes. Cette grâce m'évoque un peu les danseuses d'opéra, et je le lui dis. Elle sourit, elle fait de la danse.

Je lui propose alors de fermer les yeux et de me raconter un joli souvenir de danse. Par cette approche, j'espère montrer à Clémence que, dans la danse, c'est elle qui choisit les mouvements qu'elle exécute. Il peut y avoir une chorégraphie, un professeur, une mélodie qui la guident, mais c'est elle qui donne à son corps les ordres nécessaires aux mouvements. Dans le tic, elle a perdu cette commande, elle n'est plus « agent » de ses gestes. En travaillant ainsi, j'espère rétablir son sens de l'agentivité, et lui permettre de choisir les mouvements qu'elle exécute et ceux qu'elle ne fera pas.

Avec sa spontanéité enfantine, Clémence passe rapidement de ce souvenir de danse à tout autre chose : il s'agit d'un moment en famille en pédalo sur le lac d'Annecy. Tout le monde s'amuse, il fait beau, c'est calme et joyeux… Le lac est parfaitement bleu, lisse, paisible. Elle entend quelques oiseaux dans le ciel, les rires de sa famille, les « splashs » des uns et des autres quand ils sautent dans l'eau. Clémence est détendue et souriante pendant qu'elle me raconte son beau souvenir. Je lui demande alors quelle est la partie la plus confortable de son corps.

« C'est mon ventre !

– C'est comment dans ton ventre ?

– C'est moelleux, c'est tout chaud, c'est joli ! On dirait comme du coton ! Tu sais, maman, elle a un bocal rempli de boules de coton de toutes les couleurs ! C'est comme ça dans mon ventre, c'est une boule de coton rose…

– Et dans ton pied ? Comment ça te fait, quand il bouge comme ça ?

— C'est des boules de poussière. C'est comme si mon pied devait les pousser. Elles puent. La poussière, c'est gris. C'est dégoûtant !

— Qu'est-ce qu'il y a d'autre ?

— Mes mains, elles chassent des bouts de papier noir et des larmes. C'est des morceaux de papier cramé, comme quand on fait brûler du papier journal dans la cheminée de papy et mamy : ça s'envole, c'est tout noir, c'est tout moche.

— Est-ce que tu penses que, si on mettait un peu du bonheur et du confort de ton ventre dans tout ton corps, ça irait mieux ?

— Oh oui !

— Et comment pourrait-on faire pour mettre le bonheur de ton ventre dans tout ton corps ?

— ... »

Après un long temps de réflexion, Clémence me dit :

« Il y a un perroquet. Je le vois, c'est un perroquet bleu. Il vient regarder mon ventre, et il trouve que c'est bien. Alors il prend du bonheur dans mon ventre, et il va le poser sur mon pied, mes mains et ma bouche. Alors il y a tout qui s'en va. Je vois les bouts de papier noirs, les boules de poussière, et plein de larmes et tout s'en va. »

Clémence voit tout cela les yeux fermés, ressent, vit, sourit...

Les tics de Clémence ont disparu, et j'en ai été la première surprise ! J'avais bien vu que Clémence se sentait bien dans ce transfert de bonheur et de confort, mais je n'imaginais pas que la transformation serait aussi rapide. Je l'ai tout de même revue deux fois, pour lui apprendre à s'apaiser en pratiquant l'autohypnose. À présent, chaque soir, elle ferme les yeux, vit avec chacun de ses sens un souvenir joyeux, doux, ou agréable, dans lequel il y a toujours un perroquet bleu qui veille sur elle, « au cas où » …

L'intervention du SWAT

LE TIC DU RACLEMENT DE GORGE

Raphaël est un grand garçon de neuf ans. Je l'entends se racler la gorge dans la salle d'attente, mais ce que je remarque surtout, ce sont les commentaires de sa maman : « Oh, écoute, arrête à la fin ! C'est insupportable ! Tu arrêtes, oui ?! » Et Raphaël continue de plus belle à se racler la gorge…

En cinq minutes d'entretien avec sa maman, j'apprends que le papa est chef d'entreprise dans une grosse société, qu'il travaille beaucoup et qu'il est très fatigué. J'apprends aussi que la maman est ingénieure, mais qu'elle fait absolument tout ce qu'elle peut pour son fils, qu'elle prend des jours de congé pour l'emmener à droite et à gauche, chez tous les spécialistes possibles, qu'elle sera toujours là pour lui et que c'est normal, mais enfin quand même…

Pour l'instant, je ne sais pas grand-chose de Raphaël. Je me tourne donc vers le jeune garçon et lui demande comment il va. Il n'a pas le temps de me répondre. Sa mère ajoute : « Raphaël ne marche pas, il court. Raphaël ne parle pas, il crie. Et quand il ne parle pas, Raphaël se racle la gorge ! Je suis terriblement fatiguée, je n'en peux plus. Il est mauvais à l'école en plus. Il a de mauvaises notes. Il ne pense qu'au sport, c'est n'importe quoi. Et il me ment : il me fait croire qu'il a fait ses devoirs, mais en fait il ne fait rien du tout. Quand il était bébé, il était calme, et là, depuis quelque temps, vous savez ce qu'il ME fait ? Des tics ! Mais bon, je l'aime, hein ! Je lui dis tout le temps : "Ce n'est pas parce que tu es différent des autres qu'on ne t'aime pas, ton père et moi. On t'aime autant que tes frères et sœurs." Mais tout de même, c'est difficile. »

La maman me dresse là, en quelques mots, un tableau de son fils assez peu flatteur. Raphaël écoute… et se racle la gorge.

Je suis toujours très étonnée par cette forme de langage qu'utilisent parfois les parents : « Il ME fait une grippe », « Elle ME fait des colères »… comme si ces « défauts » de l'enfant renvoyaient aux parents un sentiment d'échec dans leur capacité à éduquer. Comme si, en étant imparfait, l'enfant narguait ses parents et les mettait face à leur incompétence. Dans ces moments-là, j'ai souvent envie de proposer à l'enfant de retourner dessiner en salle d'attente pendant que je commence un travail avec les parents, mais je ne peux bien entendu pas le faire de ma propre autorité.

En toute sincérité, je commence donc par féliciter la maman de Raphaël pour être un aussi bon parent. Je pense réellement qu'il n'est pas simple de concilier une vie professionnelle manifestement riche et trépidante et une vie de famille avec un enfant sans doute hyperactif (le diagnostic n'a pas été clairement posé pour Raphaël, mais il a déjà escaladé trois fois mon bureau et quatre fois les fauteuils, et il semble réfléchir à une façon astucieuse de détacher les rideaux pour s'en faire une cape). Je pense qu'il est important pour cette femme que son talent de mère soit reconnu. Mais j'aimerais qu'elle puisse voir son fils autrement que comme un tiqueur hyperactif qui n'en fait qu'à sa tête. Je suis persuadée qu'il a de nombreux talents, et je suis impatiente de les connaître.

Je me tourne alors vers Raphaël, dont je n'ai toujours pas entendu le son de la voix, et je lui demande de me raconter en quoi il est « très très bon ». Il s'interrompt donc dans l'ascension du radiateur, s'installe en face de moi et m'explique :

« Moi, tu vois, je suis très très fort en sport. Je suis le meilleur de ma classe, d'ailleurs. Je cours très vite, plus vite que tout le monde !

— Waouh ! Je suis impressionnée ! J'ai aussi noté que tu es très fort pour escalader, non ?

— Ah oui, mais ça, c'est parce que je m'entraîne.

— Tu t'entraînes ? À quoi est-ce que tu t'entraînes ? (La maman lève les yeux au ciel, mais Raphaël et moi poursuivons notre discussion.)

— Je m'entraîne pour quand je serai grand. Je ferai partie du SWAT. Ça veut dire Special Weapons And Tactics, c'est de l'anglais ! Aux États-Unis, c'est eux qui libèrent les otages et qui tuent les terroristes. Ils ont toujours toutes les solutions ! Et moi, quand je serai grand, je serai dans le SWAT. Parce que j'aime pas les méchants. À l'école, je m'entraîne : je défends toujours ceux qui se font embêter, je suis le justicier de l'école ! »

Raphaël me raconte également qu'il est un peu gêné par son tic, parce qu'on se moque de lui souvent, et que ça ne va pas bien avec son statut de super-héros sauveteur. Il faut reconnaître qu'on n'imaginerait pas Superman sauver le monde de l'infâme Lex Luthor en bégayant, par exemple.

« Donc, Raphaël, je ne comprends pas bien pourquoi tu viens me voir. Il me semble que tu as tout compris tout seul, pas vrai ?

— Comment ça ?!

— Eh bien, tu as un problème, ton tic. Et tu connais le SWAT, qui a toutes les solutions. On dirait bien que le tic est ton ennemi, et que le SWAT doit pouvoir t'en débarrasser, non ?

— Ahhhhhh ! Ben oui, c'est vrai.

— Raphaël, maintenant je voudrais que tu fermes les yeux, ça te permettra de mieux voir. Et à présent, j'aimerais bien que tu m'expliques comment le SWAT va te débarrasser de ton tic, tu veux bien ? »

Raphaël ferme les yeux et, après une brève induction, me raconte son aventure :

« En fait, le problème, c'est que le tic du raclement de gorge a envahi Las Vegas. C'est le chef du gang des tics. Si on l'élimine, le gang sera arrêté, et il n'y aura plus de tics. Le SWAT est en mission contre les tics. Moi, je suis un guerrier américain, je suis le chef du SWAT de Las Vegas. On a des camions noirs, avec écrit SWAT en blanc sur le côté. Les camions sont hyper-blindés, et on est tous hyper-armés. Et puis on est protégés par des gilets pare-balles, enfin on pourrait dire des gilets "pare-tics" d'ailleurs ! On a appris où se cachait le gang des tics par nos informateurs, alors on y est allés. On a été très bien préparés avant d'attaquer. On a des bombes à gaz pour aveugler les tics. On est descendus du camion en criant "Haut les mains", et on les a tous plaqués à terre ! Moi, je me suis occupé du chef des tics, le raclement de gorge. C'est le grand patron du gang. Il a sept soldats. Mais maintenant, on sait comment les dégommer. Il faut crier "À terre !", et ils se rendent. On leur crie "Tu vas arrêter, sinon tu vas voir ce qu'on va te faire", et alors ils arrêtent. »

Pendant vingt minutes, Raphaël me raconte une histoire digne d'un épisode de série américaine. Quand je lui demande si, à présent, le tic va encore le déranger, il me dit que non, qu'il est débarrassé, ou alors en tout cas, il sait comment faire pour le neutraliser.

La maman de Raphaël est restée présente pendant que son fils lui montrait toute l'étendue de son imagination, et son sens de la justice. Elle le regarde à présent avec une certaine fierté. Nous avons repris ensemble l'importance des mots positifs pour aider Raphaël à gagner son combat en se sentant soutenu. Il n'est pas toujours simple de tordre le cou aux habitudes, mais ce moment a été important dans la relation entre ce jeune garçon justicier et sa super-maman très occupée. Il faudra encore trois séances avec Raphaël pour qu'il vienne à bout de son ennemi, mais le SWAT gagne toujours, m'a-t-il dit.

CHAPITRE 3

Les tremblements

Le réquisitoire de Maître Céline

PARKINSON

« Regardez comme je tremble ! C'est nul ! J'ai tout juste quarante ans et j'ai la maladie de Parkinson ! C'est un truc pour les vieux, ça ! » Céline est directe et franche, dynamique et joyeuse. Elle me dit tout cela alors que nous sommes encore dans la salle d'attente. Le ton est donné : Céline est pressée de se débarrasser de son tremblement. C'est une magnifique avocate, qui semble d'origine asiatique. Elle est célibataire, sans enfants. Elle se dit « libre, papillonnante, passionnée, un peu midinette ». Elle commence d'ailleurs par me montrer fièrement les photos d'un acteur américain célèbre, venu en tournage dans la rue de son cabinet. Elle éclate de rire en me montrant la star poser pour elle sur une grosse moto.

Nous avons à peu de choses près le même âge et je ne peux m'empêcher de m'imaginer à sa place. Je me demande ce que cela fait d'avoir une maladie incurable à quarante ans. J'ai rencontré de nombreux patients atteints de la maladie de Parkinson dans mon activité hospitalière, mais ils étaient tous bien plus âgés, je ne me reconnaissais pas en eux. Céline est si jeune… Je n'ai pas cette maladie, mais j'ai l'impression de comprendre cette femme qui pourrait être mon amie, parce que je connais bien sa pathologie et parce que je sais ce dont on rêve à quarante ans. Je suis donc d'autant plus impressionnée par son sourire et son humour.

On lui a diagnostiqué la maladie il y a six mois, mais les symptômes sont apparus insidieusement, depuis plusieurs années. Elle avait la jambe qui traînait, surtout le soir, mais elle avait mis cela sur le compte de la fatigue. Son écriture était de plus en plus petite. Elle avait remarqué que sa main tremblait parfois quand elle tenait une feuille entre ses doigts pendant ses plaidoiries. Cela la gênait, elle ne voulait pas que les magistrats s'imaginent qu'elle était apeurée ou impressionnée : « Je le suis parfois, mais ça ne se voit pas ! » Quand le diagnostic est tombé, elle a « encaissé » comme elle a pu. Elle a continué à vivre sa vie de jeune femme active, un peu « comme si de rien n'était, en dehors du traitement médicamenteux ». Pourtant, le tremblement s'est accentué récemment. De plus en plus gênée, elle en a parlé à son neurologue, qui lui a conseillé de venir me voir.

L'hypnose ne guérit pas, l'hypnose soigne. On apporte du soin, on peut réduire ou contrôler un symptôme, mais rien ne guérit, malheureusement, la maladie de Parkinson. Céline en est parfaitement consciente. Elle a noté que les surcharges émotionnelles augmentaient son tremblement, ce qui est très classique dans cette pathologie. Les études en hypnose sur la maladie de Parkinson sont assez nombreuses, mais il s'agit le plus souvent d'études de cas isolés ou de petites séries de cas. Une des études les plus récentes, menée par Elkins, portait sur le cas d'un patient de cinquante et un ans qui avait réussi, grâce à l'auto-hypnose, à diminuer objectivement ses tremblements de 94 %. Il avait également été noté une diminution de l'anxiété, de la dépression, de la douleur, ainsi qu'une amélioration de la qualité du sommeil, de la libido et de la qualité de vie. Ces résultats sont franchement encourageants, bien qu'ils ne soient pas généralisables. C'est une bonne illustration de ce que l'hypnose peut apporter dans la maladie de Parkinson, et c'est exactement ce qu'est venue chercher Céline.

Céline ne connaît rien à l'hypnose, mais elle pratique le yoga, fait du pilates et différents sports « en douceur ». Céline ayant spontanément fait le lien entre le stress et l'augmentation de son tremblement, je choisis, dans un premier temps, de lui faire retrouver le calme et la tranquillité en lui apprenant à rejoindre son « lieu d'or », son espace de sécurité. « Mes racines sont vietnamiennes. J'aime me promener en Asie, dans un paysage verdoyant, humide, aux odeurs fortes de végétation », me dit Céline.

Notre première séance a donc pour but de lui apprendre à s'apaiser en faisant ce voyage sensoriel dans un décor familier et serein.

Elle se promène dans les paysages de ses ancêtres et y respire les senteurs végétales qui lui sont chères. Des odeurs de mousse, d'herbe humide, parfois interrompues par le parfum surprenant d'une fleur, qui existe d'abord par son odeur, et dont on découvre ensuite la couleur. En marchant le long d'un fleuve, elle peut s'apaiser au simple son de l'eau qui coule doucement, un peu comme la vie… Puis être surprise par le vol d'un oiseau, essayer de le suivre des yeux, le perdre… Des enfants s'éclaboussent joyeusement dans ce petit bras de fleuve, elle entend leurs rires.

Je propose alors à Céline de penser à une couleur, la première qui lui vient à l'esprit. Ce n'est peut-être pas sa couleur préférée, elle est sans doute surprenante, mais c'est une couleur nécessaire en ce moment. Cette couleur peut appartenir au paysage, ou pas. Je lui demande de respirer en imaginant que l'air en est empli et que l'air coloré devient magique. Il circule dans son corps, la couleur se diffuse en faisant du bien à sa tête, ses bras, son ventre, son dos, ses jambes. Au fil des respirations, l'air teinté soigne, apaise, tranquillise. Les expirations vont lui permettre de rejeter de son corps tout ce qui est en trop, inutile, lourd.

Céline est souriante et paisible quand elle ouvre les yeux. Je lui conseille d'apprendre à son cerveau cette forme de relaxation hypnotique, en la pratiquant dès qu'elle le souhaite.

Lors de notre deuxième séance, Céline me dit être beaucoup plus sereine. Lorsqu'elle a des baisses de moral, elle fait immédiatement venir à elle la senteur humide et végétale de son lieu de sécurité. Elle utilise également la couleur que l'on respire pour s'apaiser, et c'est immédiatement efficace. Elle a toutefois toujours la jambe raide et traînante. Parfois, une gêne est moins envahissante quand on la regarde en face : Céline a appris à s'en détacher en voyageant dans son lieu d'or, je pense qu'elle est prête à agir un peu différemment sur ses difficultés. Nous abordons donc notre deuxième séance sous un nouvel angle : observer, accepter, diminuer, modifier… et laisser partir.

« Observez attentivement la sensation de raideur de votre jambe. Je vous demande juste de la constater avec une sorte de détachement froid, puis de l'intégrer à l'ensemble de votre corps. Comment est-elle, cette sensation ? Vous n'avez pas besoin de me répondre, simplement d'observer… et d'accepter la sensation. Je vous propose maintenant de tourner votre attention vers une plante asiatique qui sent particulièrement bon : vous pouvez la regarder, la toucher, la humer. À présent, vous pouvez retourner vers votre jambe et observer à nouveau la sensation : comment est-elle maintenant ?

– Elle est différente.

– Plus intense ? Moins intense ?

– Elle est moins intense, plus faible.

– Très bien, observez… acceptez… et revenez vers cette plante odorante. Profitez des senteurs autour de vous. »

Nous faisons ces allers-retours plusieurs fois, jusqu'à ce que Céline ne ressente plus de raideur dans sa jambe.

Après la séance, quand Céline se dirige en marchant vers la sortie, elle semble plus légère, déjà. Quel plaisir de la voir ainsi mettre à profit ce qu'elle vient d'apprendre ! Je suis certaine que, comme pour le lieu de sécurité, elle va pratiquer cette séance en auto-hypnose régulièrement.

En effet, l'auto-hypnose est ce qui va permettre au patient de fixer durablement ses progrès et ses avancées. C'est la répétition qui va consolider chacun des nouveaux apprentissages, les favoriser. Le retour du bien-être, la capacité d'aller se promener dans un lieu ou un souvenir agréable, l'apaisement, mais également le contrôle d'une douleur, d'un tic, d'un tremblement, ce sont des choses qui s'apprennent. Et cela ne se fait pas en un jour ! Lors de chaque première séance, je passe du temps à expliquer ce point : l'aventure que nous commençons ensemble, le patient va la poursuivre chaque jour, seul avec lui-même.

On peut pratiquer l'auto-hypnose de différentes façons : de manière « formelle », installé dans un fauteuil, en fermant les yeux et en ouvrant d'abord nos cinq sens à notre environnement immédiat et à l'instant présent, puis à un lieu et à un moment particulièrement agréables. Alors, le patient apprend à faire revenir les images, les métaphores, qui ont été les plus efficaces ou les plus marquantes lors de nos séances. Il s'agit là un peu d'un « traitement de fond » : on apprend, on s'entraîne, régulièrement. Mais on peut utiliser également l'auto-hypnose en

« traitement de crise » : au moment où on en a le plus besoin, lors d'une douleur, par exemple, ou d'une montée d'angoisse, et puisque l'on s'est bien entraîné, on sait faire venir immédiatement une odeur, une image, un geste… qui vont nous apaiser dans l'instant.

À chaque fois qu'un patient revient en me disant : « Ça ne marche pas, rien n'a changé », et que je lui demande s'il a pratiqué l'auto-hypnose, il me répond : « Non. » Parfois, il faut simplement réexpliquer le processus, afin que la personne ait réellement envie de pratiquer par elle-même. Parfois, on se rend compte ensemble que l'implication que cela demande ne convient pas au patient, et qu'il sera plus à l'aise avec une autre approche.

À l'inverse, tous les patients qui, en une séance, ont constaté un changement réel qui perdure ont pratiqué l'auto-hypnose. Tous.

L'hypnose, ça marche… mais seulement si on s'en sert.

Céline, elle, pratique très régulièrement l'auto-hypnose, que ce soit dans la gestion du stress ou pour la sensation de sa jambe, qu'elle gère de mieux en mieux. Lors de notre troisième séance, c'est son tremblement de la main qui la dérange de plus en plus. Elle veut en finir ! « Il est temps d'agir ! »

Agir… c'est ce qu'elle aime dans son métier. Elle aime plaider, emporter la conviction, elle se sent à l'aise et compétente dans les joutes verbales. Je lui propose donc de devenir le procureur à charge contre le tremblement. C'est un courant électrique continu, me dit-elle, qui s'est installé depuis son cerveau et qui court le long de son bras jusqu'à sa main. C'est envahissant et dangereux.

Nous sommes toutes les deux adeptes de la série américaine *The Good Wife*, dans laquelle les procès sont très largement mis à l'honneur. Nous en avions déjà parlé ensemble, et je vais pouvoir me servir de ce goût commun.

Nous voici donc en plein procès contre le tremblement. Elle ferme les yeux et entre très rapidement dans l'état d'hypnose le plus favorable pour se positionner dans le changement.

« Vous êtes au tribunal, du côté de l'accusation. La salle est grande, il y a du public venu assister au procès. Des journalistes également. À côté de vous, un de vos collègues, en qui vous avez toute confiance. Il vous présentera les documents tirés de l'énorme dossier qui trône sur la table devant vous. À votre droite, il y a le jury : douze personnes, venues décider si le courant électrique devra être éteint ou non. Face à vous, le juge. Sévère, mais juste. Et de l'autre côté de l'allée centrale, le banc des accusés. Sur celui-ci, l'avocat du courant électrique est féroce comme un requin. Vous l'avez déjà affronté lors de précédents procès. Il a une réputation terrible : il ne laisse rien passer. Et puis l'accusé, le courant, agressif, provocant, qui regarde votre main pour lui montrer qu'il a le dessus. »

La main de Céline, posée sur l'accoudoir du fauteuil, tremble et tressaute.

« L'avocat de la défense a parlé. Il a été brillant. À présent, c'est à vous de passer à l'action et de vous exprimer auprès du juge et des jurés. Vous devez les convaincre ! Vous avez longuement travaillé votre réquisitoire, vous êtes prête et sûre de vous. Votre dossier est solide. Votre cœur s'accélère sans doute un peu, mais c'est du "bon stress" ! Vos mots sont fluides, le verbe est précis, les gestes sûrs. Vous portez votre robe de procureur, vous vous sentez forte ! "Le courant électrique s'est installé d'autorité, sans aucune autorisation. Le tremblement qui en découle est nocif. Son avocat vous dira qu'il ne met pas en jeu le pronostic vital, et c'est vrai. Et pourtant, pensez-vous réellement qu'il soit possible de vivre comme cela ? Imaginez-vous, mesdames et messieurs les jurés, monsieur le juge, en train de trembler chaque fois que votre main se repose. Accepteriez-vous le regard des autres ?" Le jury sort quelques courts instants pour délibérer. Quand il revient, il est unanime : le tremblement doit quitter ce corps. »

Céline a gagné son procès. Quand elle ouvre les yeux, elle me dit ressentir la même excitation et la même fierté que lors de ses victoires au tribunal. « L'image me parle, je vais gagner ! » Et j'en suis certaine également !

Céline est revenue me voir après l'été. Elle a fait un long voyage au bout du monde. Ce périple en Amérique du Sud, elle en rêvait depuis longtemps, mais n'était pas certaine d'être capable de marcher de longues heures dans la jungle. Et pourtant… Céline me raconte sa grande aventure, et je constate avec un immense plaisir qu'elle s'est approprié l'hypnose.

« Ma jambe qui traîne, je l'ai laissée à Paris. J'ai crapahuté des jours entiers, j'ai traversé des forêts, j'ai grimpé dans des arbres. J'ai même vaincu ma phobie du vide ! »

S'approprier l'hypnose, c'est l'intégrer comme un nouvel art de vivre. Les patients qui adhèrent totalement vont ensuite pouvoir se servir de cette nouvelle « technique » dans bien des situations de leur vie. Des personnes ayant arrêté de fumer, par exemple, vont utiliser les images utiles et nécessaires pour diminuer un stress, d'autres ayant géré leur trouble du sommeil vont savoir réifier une douleur… L'hypnose n'est pas un médicament, c'est une partie de nous qui s'exprime enfin, et qui change bien plus de choses qu'on pourrait le croire en commençant l'aventure.

« Nous devions traverser un pont suspendu, absolument immense ! Je n'avais pas le choix, le guide et mon amie étaient déjà loin sur le pont, je les voyais comme deux petits points à l'horizon. C'était un pont de corde, fragile, instable. En dessous, soixante mètres plus bas, le vide absolu, la jungle épaisse, des pierres. J'avais l'impression qu'il faisait des centaines de kilomètres de long, et mon cœur a commencé à battre très vite. La panique ! Je ne pouvais plus faire un pas, j'étais paralysée. Tous mes vieux démons sont revenus : je ne suis pas capable, je ne peux pas le faire, j'ai la maladie de Parkinson, j'ai le vertige… Alors, j'ai pensé aux couleurs que j'utilise pour me calmer. Et je me suis mise à compter à haute voix, en voyant devant moi les chiffres apparaître en couleur. Chacun avait la couleur nécessaire, celle qui me permettait d'avancer. Un chiffre, une couleur, un pas. J'ai traversé le pont ! »

Dès son retour, Céline, forte de sa toute nouvelle confiance en elle, a voulu relancer sa vie amoureuse, en berne depuis l'annonce du diagnostic. Elle a rencontré un homme charmant, attentionné, intéressant... Mais elle se dit un peu inquiète : jusqu'où cette relation va-t-elle aller ? Est-ce qu'il saura accepter sa maladie ? Est-ce qu'elle se sent prête, elle, à s'engager dans une histoire sentimentale, au risque de souffrir ?

« Cet homme, c'est un peu comme votre voyage... Auriez-vous aimé connaître à l'avance toutes les aventures que vous avez vécues au Costa Rica ? Seriez-vous partie si quelqu'un vous avait montré par avance les lieux magnifiques que vous avez découverts ? Si on vous avait dit que, dans cette cabane dans les arbres, il y aurait une araignée dans les toilettes et que vous auriez, avec votre amie, le plus grand fou rire de votre vie en la voyant, auriez-vous eu autant de plaisir ? Est-ce que vous ne pensez pas que votre voyage était d'autant plus fascinant que vous alliez de surprise en surprise ? Cet homme, c'est peut-être votre prochain voyage : vous verrez bien...

— Ah mais oui, bien sûr ! Et vous savez ? Cet homme, il ressemble curieusement à un acteur américain célèbre, venu en tournage à Paris il y a peu de temps... »

Mission : possible !

Du rangement et de l'ordre !

LE TREMBLEMENT NON PARKINSONIEN

Chaque « trembleur » envisage son tremblement différemment, qu'il soit d'origine parkinsonienne, comme pour Céline (il s'agit alors d'un tremblement de repos), ou bien dit « essentiel » (le patient tremble quand le membre concerné est en mouvement). L'image du tremblement, ses répercussions sociales, et le handicap qu'il entraîne sont propres à chacun, de même que les ressources utilisées pour le contrôler.

Le tremblement essentiel est sans doute le mouvement anormal le plus fréquent dans la population adulte : en effet, on considère qu'environ 9 % de la population des plus de soixante ans en est atteinte. Ce tremblement affecte en particulier les mains pendant l'action, mais, avec l'évolution de la maladie, il peut également concerner la tête et la voix (plus rarement les jambes, la mâchoire et le tronc). Son origine reste inconnue et, bien que l'on ait étudié un certain nombre de familles touchées, aucun gène n'a pu être défini.

De nombreux patients atteints de tremblement essentiel ne consultent jamais leur médecin à ce sujet. Mais pour d'autres, le tremblement est si sévère qu'il interfère avec la vie sociale et les activités quotidiennes. Pour ceux-là, un traitement est recommandé. Différentes pistes ont été explorées, et il est, en première intention, proposé aux patients des traitements médicamenteux ou des injections de toxine botulique. Si le tremblement est pharmaco-résistant et particulièrement invalidant, on peut proposer une chirurgie qui consiste en la stimulation d'une aire cérébrale ou bien en l'ablation de cette zone dans les cas extrêmement sévères. Les traitements par ultrasons sont étudiés également et semblent prometteurs et moins invasifs que la neurochirurgie.

Dans les cas de tremblements essentiels modérés et pour lesquels les traitements médicamenteux n'ont pas eu d'effet, les neurologues recommandent de plus en plus fréquemment les approches complémentaires, telles que la sophrologie, le yoga, et l'hypnose. En effet, les patients expliquent très bien le lien entre l'anxiété, le stress et la présence ou l'augmentation du tremblement. Certaines personnes peuvent tout à fait manger normalement quand elles sont seules, avec un léger tremblement qui ne fera pas tomber les aliments de leur fourchette, et être prises de tremblements bien plus forts lors d'un dîner entre amis ou au restaurant.

Monsieur N. est affecté par un tremblement essentiel qui lui « casse les pieds ». Il a cinquante-huit ans, il est perfectionniste, un brin maniaque. Il aime l'ordre, le rangement. Il est comptable. Son tremblement l'embête parce que, d'une part, il constitue une réelle gêne sociale (il a trouvé des techniques pour le dissimuler, mais il se rend bien compte que ses collègues ont remarqué qu'il tremblait) et, d'autre part, il s'agit d'une paille dans la mécanique : ce n'est pas « comme il faut ».

Le tremblement, c'est du désordre ! En écoutant Monsieur N. me raconter son besoin de rangement et d'ordre, je vois intérieurement les photos d'Ursus Wehrli. C'est un artiste suisse, fasciné par le rangement. Il a, par exemple, « rangé » des œuvres d'art, classé des scènes de vie quotidienne, trié, organisé tout ce qui lui semblait « dérangé ».

La vision de ces photos est un bonheur et un soulagement pour ceux qui aiment l'ordre, le classement parfait (par tailles, par couleurs...). Monsieur N. se régale en parcourant les images que je lui montre. Nous rions devant celle d'une assiette de pâtes alphabet, triées par ordre alphabétique ! Il trouve tout de même dommage d'avoir parfaitement rangé le tableau de la chambre de Van Gogh en Arles ! Mais ces images ont un sens pour lui, il décide donc que, pour contrôler son tremblement, il doit « mettre de l'ordre dans son cerveau et dans son corps ».

Notre première séance, quelques semaines auparavant, lui a rapidement permis de trouver le moyen de s'apaiser au quotidien, en voyageant dans les pays lointains qu'il rêve de voir ou de revoir. Il a donc déjà constaté une diminution du nombre de situations dans lesquelles le tremblement apparaît, mais il ne parvient pas à le contrôler ni à le stopper quand il s'est installé.

Comme dans tout bon tri, il faut commencer par aller voir ce qui est à sa place : les yeux voient, la bouche parle, les jambes marchent... et ce qui ne l'est pas : la main tremble. Il faut donc ranger le tremblement dans un placard, car il n'a pas sa place dans la vie de Monsieur N.

Il faut « ranger » ce corps. Nous en faisons une sorte de « scanning », de haut en bas : Monsieur N. a les yeux fermés et parcourt intérieurement son corps, dans lequel quelque chose ne va pas. Lorsque nous arrivons aux mains, les sourcils de Monsieur N. se froncent. « C'est ici qu'il va falloir travailler... Vous ressentez le tremblement qui est venu déranger l'ordre parfait de votre corps. Même si vous ne tremblez pas en ce moment, puisque vous êtes immobile, vous savez qu'il est là, en attente du mouvement pour pouvoir s'exprimer. Mais vous êtes là pour faire le tri et pour enlever ce qui est en trop. Vous pouvez modifier, ranger, classer... et même jeter ! »

Un camion poubelle qui passait devant le cabinet à ce moment-là m'a aidée. Eh oui, les bruits du quotidien existent, et il est important de les intégrer à nos séances ! Le camion poubelle passe toujours à la même heure, je l'attendais donc pour proposer à Monsieur N. de jeter dans la benne son tremblement, afin qu'il soit enfin à sa place et, qui sait, recyclé ?

Le tremblement a continué à se manifester dans le quotidien de Monsieur N., mais quand il apparaît, il lui suffit de penser intérieurement à la photo « avant/après » qu'il a imaginée. Sur la partie « avant », il y a des mains qui tremblent et un verre de vin renversé sur une nappe blanche. Sur la partie « après », on voit une main ferme qui tient un verre de vin au-dessus d'une nappe immaculée.

Pauvre petit tremblement...

UN AUTRE TREMBLEMENT PARKINSONIEN

À soixante-huit ans, Monsieur P. a du mal avec la retraite. Il a travaillé toute sa vie, mais ce qu'il a préféré, c'est son dernier métier : il travaillait dans la formation d'adultes. Monsieur P., ce qu'il aime, c'est les autres. Alors oui, il a la maladie de Parkinson, mais certains ont des maladies tellement plus graves. Monsieur P., c'est un VRAI gentil : il s'intéresse aux autres, pose des questions à tout le monde, et a du mal à parler de lui... La seule chose qui le dérange un peu dans sa maladie, c'est le tremblement de sa main droite. Cela l'empêche de bien écrire, et puis les gens le voient, lui posent des questions... Ce n'est pas par pudeur qu'il n'aime pas répondre, c'est pour ne pas inquiéter, ne pas être le centre de l'attention.

Comme tous mes autres « trembleurs », Monsieur P. a noté une nette augmentation du tremblement en cas de stress. Et la retraite, ça le stresse ! Il est un peu bouleversé dans son organisation quotidienne. Il essaie de trouver le juste milieu entre les contraintes et les loisirs, mais ce n'est pas si simple.

Ce qui le détend le plus ? Marcher. Se promener.

Où ? Sur le chemin des douaniers, vers Binic.

Je suggère à Monsieur P. qu'il pourrait peut-être se débarrasser de son tremblement sur ce chemin, lors d'une promenade. Il pourrait trouver un « ancrage » dans sa balade, dont il se servirait chaque fois que le tremblement viendrait le déranger. Cet ancrage, cela peut être une odeur, celle de la mer ou celle de la végétation autour de lui. Ou encore la couleur des ajoncs dont il m'a parlé. Ou bien le cri d'une mouette ? L'évocation de cet ancrage suffirait alors à envoyer le tremblement au fond de la mer, par exemple...

Monsieur P. semble dubitatif. Quand je lui demande ce qu'il se passe, il me répond ce que personne ne m'avait encore jamais dit : « Mais c'est cruel... Je l'aime bien, moi, mon tremblement... Enfin, je ne lui veux pas de mal. »

Passé mon étonnement, je suis presque émue de voir cet homme hésiter entre la protection et l'élimination de ce qui lui gâche la vie depuis des années. Quand je lui demande de réifier, c'est-à-dire de transformer en chose, son tremblement, il n'a pas l'hésitation que je constate le plus souvent chez les adultes.

La plupart du temps, j'entends des réponses comme « je ne comprends pas, ce n'est pas un objet, c'est un tremblement ! » Les enfants, eux, parviennent très facilement à transformer une peur du noir en gros monstre gluant, un pipi au lit en bestiole violette... Mais les adultes ont des barrières qui les freinent. Ils ont du mal à considérer qu'une sensation peut être transformée en objet, en chose. Et pourtant, c'est exactement ce qui se passe quand on dit : « J'ai des fourmis dans les pieds », ou encore : « J'ai une boule dans l'estomac. » Ce sont ces exemples que je donne donc régulièrement aux adultes, afin de les aider dans ce travail. Car si vous transformez une sensation en chose, alors il vous suffit de modifier la chose pour transformer la sensation, n'est-ce pas ?

Avec Monsieur P., je n'ai pas besoin de donner toutes ces explications !

« Mon tremblement, c'est un petit Jiminy Cricket qui vient me secouer alors que je n'en ai pas besoin ! Il est mignon, vert, il ressemblerait presque à un joli lézard qui vient bouger ma main avec ses petites pattes. Ou bien à une grosse sauterelle, avec des petites ventouses au bout des pattes. Il ne faut pas le tuer, mon Jiminy, ni le noyer !

— Peut-être faut-il l'apprivoiser, pour qu'il vous obéisse et ne vous embête plus ?

— Ça m'embête un peu. Je ne suis pas fan de tous ces animaux en cage, ou bien domptés comme dans les cirques. Les animaux sont faits pour être libres. »

Je me sens alors un peu dépassée. Je me demande s'il ne faut pas simplement que Monsieur P. accepte son tremblement et l'accueille comme on le ferait avec un orphelin turbulent. Mais comme toujours, c'est le patient qui trouve la solution :

« Non, en fait, ce qu'il faut, c'est que, lors d'une balade sur le chemin des douaniers, je trouve un endroit confortable et agréable, et que je l'y dépose pour qu'il retrouve sa vie sauvage. Et, à chaque fois qu'il reviendra, je pourrai alors penser, comme vous disiez tout à l'heure, au jaune puissant des ajoncs sur le sentier et au banc le long de la côte, et Jiminy sautera de ma main ! »

Nous avons donc procédé ainsi.

Nous sommes partis en balade hypnotique le long du sentier et de la côte sauvage, en profitant de la végétation libre et un peu folle, en écoutant simplement le bruit fort des vagues qui découpent peu à peu le paysage. Nous avons cherché le banc, marché sur le sol de pierres, empli nos poumons de l'air iodé… et enfin trouvé l'endroit dans lequel Jiminy pourrait s'échapper en toute sécurité. Et, à chaque fois qu'il revient secouer la main de Monsieur P., celui-ci le renvoie gentiment sur son banc.

CHAPITRE 4

Les aléas de la vie

L'excentrique amoureuse

UN CHAGRIN D'AMOUR

Ah, l'amour ! Un sujet qui, habituellement, fait l'affaire des rebouteux et autres mages ou voyants : « Retour d'affection dans les trois jours », « philtre magique pour le retour de l'être aimé »…

Ce n'est pas tout à fait mon domaine de compétences. Et pourtant…

Il paraît qu'il existe dans le cerveau une « zone de l'amour », mais ce n'est pas une maladie neurologique ! Mon champ d'action serait-il en train de s'agrandir ?

J'ai rencontré Madame D., quatre-vingts ans, dont j'avais aidé la fille, quelques mois auparavant, à retrouver le sommeil. Je me souvenais en effet que celle-ci m'avait parlé de sa mère. Elle m'avait assuré que ses insomnies étaient héréditaires. Pourtant, elle avait réussi à s'en défaire grâce à l'hypnose.

Quand Madame D. arrive, on la remarque ! Des colliers de toutes les couleurs qui font « gling », des bracelets clinquants et brillants, des cheveux rouge flamboyant, un manteau de fourrure, un parfum capiteux, une voix très aiguë… Tous les sens sont en alerte lorsqu'elle passe le pas de la porte !

« C'est ici qu'on réapprend à dormir ?!!! », crie-t-elle dans un grand éclat de rire.

Je comprends tout de suite que je ne vais pas m'ennuyer.

« J'ai du mal à dormir, comme vous l'a dit ma fille. Mais elle, c'est une idiote, elle se prend la tête avec des problèmes de boulot. Moi, c'est sérieux. C'est à cause d'un homme que j'ai perdu le sommeil. »

Je sais bien que l'on peut être amoureux à quatre-vingts ans, mais de là à en perdre le sommeil… Moi qui pensais que l'on gagnait en sagesse et que l'on arrêtait de souffrir d'amour avec l'âge, j'oscille entre amusement et déception !

Madame D. est veuve depuis longtemps. À la mort de son mari, elle a seulement quarante ans. Elle travaille, élève seule ses trois enfants. Elle tient un institut de beauté, qu'elle a revendu il y a seulement cinq ans, à l'âge de soixante-quinze ans (« Je n'étais plus crédible pour les soins contre les rides ! »). Pendant toutes ces années, elle a des amants, mais rien de sérieux. Elle ne pense qu'à travailler. Depuis qu'elle est à la retraite, elle a du temps pour elle… et pour les hommes ! Alors, le dimanche, elle fréquente les thés dansants. Elle adore le tango (« c'est sensuel… »), mais toutes les danses de salon lui plaisent. Ce qu'elle préfère, c'est se faire belle pour aller danser, et sentir les regards des hommes sur elle. Elle aime se pomponner, se préparer, elle crème son visage, met des couleurs sur ses joues et ses lèvres… Un jour, il y a quatre ans, elle fait LA rencontre : un homme, beau, sensuel, drôle, qui la dévore des yeux et qui danse très bien ! Elle tombe amoureuse immédiatement, lui aussi (« À nos âges, pas le temps de traîner, on a passé la nuit ensemble ! »). Les deux tourtereaux vivent alors quelques belles années, se présentent leurs enfants et leurs petits-enfants, font des projets de vacances. Mais le temps passe et Madame D. n'est plus trop attirée par les questions de sexe. Elle souhaite surtout de la tendresse, trouver quelqu'un avec qui partager sa vie, ses loisirs. Lui, c'est autre chose : « Un chaud lapin, je vous dis ! » Il finit donc par la tromper, puis par la quitter pour une autre.

Mais le problème, ce n'est pas tant qu'il l'ait quittée. C'est qu'il l'ait quittée « pour une moche » ! Devant mon éclat de rire irrépressible, Madame D. ne s'offusque pas, mais me montre une photo de type paparazzi, qu'elle a prise avec son téléphone portable en suivant l'infidèle. Elle a espionné son ancien amant comme une jeune femme délaissée ! Elle-même rit de bon cœur : « L'amour, ça rend débile, hein ? »

Je me penche donc sur la photo de la rivale. Celle-ci n'a absolument rien à voir avec Madame D. : elle ne porte pas de bijoux, ne se maquille pas et ses vêtements ne sont pas très fantaisistes !

« Non, mais regardez-la ! Sérieusement, comment vous la trouvez ? Je suis juste cent fois mieux, non ? Eh bien, voilà ce qui m'empêche de dormir : je passe mes nuits à me demander pourquoi il m'a quittée pour une moche, mal habillée et même pas maquillée ! Elle est plus vieille que moi en plus ! »

Je m'empresse de rassurer Madame D. : bien sûr, elle est mille fois mieux et le choix de cet homme est tout à fait incompréhensible. Nous partageons une complicité dans l'affront qu'elle subit : il a tort !

Elle ne souhaite pas son retour, car elle ne lui pardonnera jamais une telle faute de goût. Ce qu'elle veut, c'est ne plus être obsédée par cette question. Elle en connaît d'ailleurs la réponse : « Il l'a prise parce qu'elle accepte tout ce qu'il veut et pas moi ! Mais je n'arrive pas à passer à autre chose, à oublier, à faire comme si tout cela n'avait pas existé. Je voudrais refaire ma vie, il est encore temps. »

Il faut donc se débarrasser de ces images et de ces questions, tourner la page pour en ouvrir une autre. Je propose à Madame D. de partir en voyage.

Madame D. aime regarder les vagues depuis le balcon d'une chambre d'hôtel de Fuerteventura, aux Canaries. Tous les ans, elle se rend dans cet endroit magnifique, pas trop loin de Paris, toujours dans le même hôtel. C'est un endroit très bien, « comme il faut », avec un personnel attentif et une vue magnifique sur l'océan.

« Vous êtes à présent bien installée sur votre balcon, dans cette chaise longue, confortable, que vous retrouvez chaque année… Face à vous, il y a l'étendue de sable fin, blanc, et la mer, immense, infinie… Vous pouvez en percevoir tous les bleus, du plus sombre au plus clair. Vous profitez de ce paysage, en respirant l'air marin, l'air pur, en sentant les odeurs de l'océan… Il n'y a d'autre bruit que celui des vagues, un léger bercement… Alors vous pouvez, si vous le souhaitez, feuilleter ce livre qui est posé sur vos genoux. C'est le livre de vos amours, de vos histoires d'amour (Madame D. m'en avait raconté un certain nombre, toutes plus cocasses les unes que les autres). Il y a vos amours d'adolescence, contre l'avis de vos parents, quand vous vous cachiez d'eux. Ces garçons qui vous contaient fleurette, et que vous encouragiez d'un baiser sur la joue… au début… »

Je laisse quelques instants de silence à Madame D. pour qu'elle savoure tranquillement ce passage, un sourire aux lèvres.

« Ce chapitre se termine par la rencontre avec votre mari. Vous tournez la page de votre adolescence pour commencer une nouvelle vie de femme. Il y a ce jour de pluie où vous l'avez vu pour la première fois, à la fin des années 1950. Il est beau, élégant, il vous sourit. Il y a des papillons dans votre ventre, n'est-ce pas ? (Elle hoche la tête, semble émue.) Et puis votre mariage, un an plus tard. Vous êtes magnifique dans votre grande robe blanche en dentelle (elle m'avait montré des photos de ce grand jour). La naissance des enfants. Dix-huit belles années tous les cinq. Mais ce chapitre se termine lui aussi, et vous pouvez en tourner la dernière page, quand vous le souhaiterez. Vous le gardez au fond de votre cœur comme un trésor, qui va vous aider à partager d'autres moments, à vivre d'autres histoires. »

Je sais que Madame D. a fait le deuil de son mari il y a longtemps. Elle y pense et en parle toujours avec beaucoup d'amour et de tendresse, mais sans aucune tristesse. Je lui avais demandé, bien entendu, si elle souhaitait que nous évoquions cette période de sa vie ou bien si elle préférait que nous n'en parlions pas. Elle avait semblé étonnée de ma demande : « Bien sûr qu'on peut en parler ! Il a claqué il y a quarante ans ! Heureusement que je m'en suis remise ! C'est que des bons souvenirs maintenant. »

« Maintenant, vous allez pouvoir survoler des chapitres bien plus courts ! Celui de votre comptable, qui éternuait dès qu'il vous embrassait ! Celui de ce danseur qui vous écrasait les pieds tous les dimanches. Et cet homme, rencontré ici, justement, à l'hôtel de Fuerteventura, et que vous retrouviez tous les ans… jusqu'à ce que sa femme le découvre et change de lieu de vacances ! (Elle éclate de son grand rire !) Continuez à feuilleter ces pages légères et drôles, elles font du bien.

Maintenant, vous arrivez au chapitre Gérard. Regardez-le danser, séduire, lancer des regards insistants dans votre direction… Ce sont de jolis moments, n'est-ce pas ? Vos familles, votre appartement, vos dimanches à danser… Et pourtant, ce chapitre ne se termine pas bien. Gérard est parti, avec une moche. Voilà. Le chapitre est terminé. Il était bien ce chapitre… intéressant, palpitant parfois, n'est-ce pas ? Mais regardez, après cette page, il y en a encore des dizaines d'autres ! Si vous voulez les découvrir, vous devez la tourner, cette page ! Même si elle vous semble bien plus lourde qu'une simple feuille de papier. Peut-être alors pourrez-vous jeter un œil vers la plage, apercevoir un homme qui s'y promène et qui regarde tous les jours dans votre direction. »

Madame D. a refait cet exercice tous les soirs, en se couchant. Il fallait qu'elle réussisse à tourner cette page qui, comme cela arrive quand il y a du vent, reprend sans cesse la même position. Madame D. a lutté et a fini par gagner. La dernière fois que je l'ai vue, elle a effacé devant moi la photo de « la moche » de son téléphone portable. Elle est retournée au dancing le dimanche, prête à vivre de nouvelles aventures !

Madame F. détourne les yeux

LE TRAVAIL DE DEUIL

La perte de son mari, Madame F. ne s'en relève pas. C'est très récent, cela date d'il y a deux ans. Et il était si jeune : soixante ans. Un cancer. Une « longue maladie » qui est arrivée juste après un burn-out. Des années de galère, en fait. Les amis qui s'éloignent, parce qu'un dépressif, franchement, ça ennuie. Ça nous ramène à nos propres difficultés, ça nous met mal à l'aise. Ce n'est pas contagieux... quoique... quand on passe la journée à les écouter, on est un peu tristounet à la fin, non ? Et puis c'est un peu du laisser-aller tout cela quand même ! Il faut se bouger !

Mais non, c'est bien plus compliqué que cela. Alors Madame F. a accompagné son mari dans ses différentes épreuves, jusqu'au bout, en se sentant bien seule. Elle lui tenait la main au dernier moment, mais elle n'a pas pleuré. Pendant un an, après la mort de son mari adoré, elle n'a pas versé une larme. Elle a vécu, dans le brouillard, l'enterrement, le rangement de la maison, la naissance de sa deuxième petite-fille, une nouvelle rentrée universitaire, puisqu'elle est professeure.

Et puis un jour, ses yeux ont commencé à se fermer. La neurologue lui annonce le diagnostic : blépharospasme.

Il s'agit de contractions répétées et involontaires des muscles des yeux. Des spasmes provoquent un clignotement involontaire qui peut devenir sévère et entraîner une cécité temporaire. L'origine du blépharospasme est multifactorielle, avec une composante génétique probable et un déclencheur environnemental. Le traitement recommandé est l'injection de toxine botulique, mais la chirurgie est également possible. L'hypnose a été utilisée dans des cas isolés, et aucune étude de cohorte n'a été jusque-là réalisée. Cependant, la composante émotionnelle étant forte, il semble que cela soit une approche intéressante.

Madame F. cligne des yeux, longuement, souvent. Elle me raconte qu'elle conduit toujours, mais que cela devient de plus en plus compliqué. Ses yeux restent fermés de plus en plus longtemps, et elle n'a plus confiance en sa façon de conduire. En effet, je ne trouve pas ça très raisonnable ! « C'est mon autonomie, ma voiture. Si je ne conduis pas, je reste cloîtrée chez moi, je vais devenir folle. »

Les injections de toxine sont relativement efficaces, mais cela ne dure pas. Et puis elle en a assez de ces yeux qui n'en font qu'à leur tête ! Elle est épuisée, la gêne est permanente.

Madame F. était danseuse, et c'est toujours une femme très sportive à soixante-deux ans. Elle est devenue professeure de sport en arrêtant sa carrière artistique. Elle connaît l'ivresse de l'effort et l'harmonie de savoir mouvoir son corps. Mais à présent, elle n'y arrive plus.

Je suis touchée par cette femme qui me montre sa souffrance sans aucune fausse pudeur. Elle est désemparée, son mari lui manque à chaque instant, mais elle ne fait pas encore le lien entre ce deuil insensé et ses problèmes aux yeux. Pour elle, c'est la loi de Murphy : elle accumule les ennuis et elle ne s'en sort pas.

Nous allons donc y aller tout doucement, en commençant par évoquer des moments où son regard se posait sur de jolies choses. Madame F. aime les Grès d'Annot, site des Alpes-de-Haute-Provence. Elle s'y ressource et y puise la sérénité qui lui manque à Paris.

Nous partons donc en randonnée hypnotique sur un sentier qui monte à travers une forêt de châtaigniers... Nous observons des blocs de grès enchevêtrés, nous atteignons la Chambre du Roi, grotte mystérieuse et ô combien solide... Nous respirons l'odeur des pins et des ormes, nous nous régalons des bleus et des gris insolites, et nous écoutons le silence des hauteurs.

Madame F. est par la suite souvent partie en randonnée d'auto-hypnose au milieu des grès. Elle a appris à y penser « sans y penser » quand elle cligne des yeux en voiture. Elle a aussi appris à réifier ses clignements intempestifs, et à les contrôler.

Un jour pourtant, elle me dit souhaiter aller plus loin dans le processus. Il me semble alors qu'elle est prête à faire le lien entre la mort de son mari et ses yeux qui se ferment. Comme cette année durant laquelle elle a vécu dans une sorte de brouillard, elle ferme maintenant les yeux sur la douleur insupportable de l'absence. Je lui parle de l'enterrement de son mari.

« Je ne me souviens plus de rien, j'étais là, mais dans le flou total. Les gens qui nous avaient tourné le dos venaient me prendre dans leurs bras, mais je ne ressentais rien. J'étais en mode automatique. Je n'étais pas là. Je n'étais pas à l'enterrement de mon mari.

— Peut-être qu'il serait bon d'y être, non ? Peut-être que vous avez besoin de vivre ce moment-là ? Mais à votre façon, avec les gens qui comptent vraiment, et en y étant vraiment ? »

Je ne suis pas fan des enterrements, comme tout le monde, mais il me semble que Madame F. doit vivre ce moment qui lui a été volé. Elle n'hésite pas un instant, elle aussi sent qu'elle en a besoin.

Alors nous avons, toutes les deux, dans l'intimité d'un bureau confortable et chaleureux, accompagné Michel, son mari. Madame F. a fermé les yeux et a vécu l'enterrement comme il aurait dû se produire : dans le calme, l'amour, et aussi quelques larmes. « Vous êtes présente, dans l'église. Il y a autour de vous vos filles et vos gendres, quelques membres de votre famille, quelques amis sincères et fidèles. Il y a le cercueil recouvert de fleurs, le prêtre, l'odeur de l'encens. Vous êtes présente et, bien sûr, vous êtes triste. Mais vous vivez cette tristesse, car elle est nécessaire. Vous accompagnez votre mari au cimetière, en sachant que lui, à présent, vous accompagne également partout, dans chacun de vos choix, dans chacune de vos randonnées, dans chacun de vos trajets en voiture. Michel est parti, mais il est dans votre cœur et dans chacun de vos regards. »

Madame F. a enfin pu enterrer son mari, mais cela ne signifie pas qu'elle lui a dit au revoir. Elle a simplement corrigé un manque, vécu un moment important de sa vie qui était jusqu'alors comme un vide qu'elle ne parvenait pas à combler. Le manque est toujours là, mais elle ne ferme plus les yeux sur sa douleur. Elle fait comme nous tous, elle apprend à vivre avec… ou plutôt « sans ».

Je me suis sentie envahie de sentiments mêlés après cette séance. C'était comme si je venais de perdre un être cher, et pourtant j'étais sereine en pensant à tous ceux qui m'ont quittée. La transe du thérapeute m'avait joué un nouveau tour.

CHAPITRE 5

Les addicts

Voyage au cœur du cerveau de Patricia

L'ADDICTION AU SUCRE

La prise de poids, l'excès de kilos sont des motifs fréquents de consultation en hypnose. La plupart des patients que je rencontre dans ce cadre sont des femmes, mais les hommes aussi se préoccupent de leur ligne et de leur santé. Comme pour l'addiction au tabac, la première question à se poser est celle de la motivation du patient. Je ne parle pas ici de la motivation à perdre du poids ou à arrêter de fumer, mais de ce qu'il va être nécessaire de mettre en place et de mobiliser pour cela. Les patients ne font pas souvent la différence. « Avez-vous envie, ou bien avez-vous envie d'avoir envie ? », telle est la question. Il n'y a pas de jugement à avoir : parfois, le patient admet qu'il vient sur la demande d'un mari ou d'une épouse, mais il sent que ce n'est pas le moment pour lui de se séparer de son addiction. On peut alors préparer le chemin avec lui, commencer à travailler sur sa propre motivation. Être à l'origine de nos décisions nous permet de mettre en place tout ce qui sera utile pour atteindre notre objectif. À l'inverse, nous mobilisons beaucoup moins de ressources et d'énergie pour atteindre les buts que d'autres nous ont fixés.

Je m'apprête donc à parler de cette question de la motivation avec Patricia lorsque je la rencontre pour la première fois, au début de l'été. C'est une femme de cinquante ans, belle, sombre, le regard un peu triste, habillée en noir malgré la chaleur du mois de juin. Nous nous asseyons face à face et quand je lui demande pour quelle raison elle vient me voir, elle me répond en me montrant son corps d'un geste un peu désespéré : « Je veux perdre du poids… beaucoup de poids ! »

Elle est en effet un peu forte, mais je n'avais pas imaginé que c'était le motif de sa venue : bizarrement, je découvre, en la voyant et en l'écoutant, une harmonie étonnante entre son corps, sa voix et son visage. Elle paraît forte et douce, avec sa voix ronde, son corps rond, son visage rond. Il y a quelque chose de rassurant et d'enveloppant dans cette rondeur.

Sa voix est profonde, veloutée, douce et grave, empreinte d'une certaine nostalgie quand elle me raconte son histoire de femme et de soignante. Elle s'est consacrée pendant vingt-cinq ans à réparer le cerveau de ses patients, et en connaît les moindres recoins et mystères. Le cerveau est pour elle tout ce qui la fascine et l'intrigue. Elle a passé toutes ses années de jeune fille à l'étudier et les années suivantes à le réparer. Elle me dit s'être longtemps oubliée dans cette quête de la guérison des autres. Avec ses amis, elle plaisantait sur son éternel célibat et sur son désir inassouvi d'enfant, mais au fond d'elle, elle en souffrait. Elle a toujours été ronde, mais « c'était comme ça ! » Elle prononce alors cette phrase qui en dit beaucoup : « Je n'étais pas là pour être jolie, j'étais là pour être efficace. » Comme toujours, ce sont les mots des patients qui me guident, et je note cette phrase : « Je suis là pour être efficace. » Peut-être pourrait-elle être efficace à se faire du bien ?

Patricia me raconte les grands moments de sa vie. Quand elle rencontre Stéphane, ses attentes changent. Le travail prend une nouvelle place, la deuxième. Son couple et son désir de famille deviennent ses priorités. Stéphane et Patricia se marient, adoptent un enfant et sont heureux. Mais la cinquantaine arrive et Patricia continue à grossir. Elle grignote, adore les gâteaux, le sucre, le gras. Elle est tout à fait consciente de n'avoir aucun désordre métabolique ou hormonal à l'origine de son surpoids. Elle grossit parce qu'elle mange trop.

Un hiver, elle a un accident de ski qui l'oblige à rester immobilisée plusieurs mois. Elle ne peut presque rien faire toute seule, alors elle retourne vivre momentanément chez ses parents, laissant son mari et son fils. Le premier endroit qui lui est accessible facilement avec ses béquilles quand elle retrouve une légère autonomie est la boulangerie en bas de l'immeuble. Ce rendez-vous est devenu quotidien : elle achète toujours le même gâteau, un réconfort en sucre. Son mari et son fils lui manquent, alors elle compense et tente de combler le vide. Son corps se transforme et elle s'en éloigne de plus en plus, créant ainsi un nouveau vide. Elle ne peut plus porter les vêtements qu'elle aimait, s'essouffle rapidement et évite de croiser les miroirs qui lui renvoient l'image de quelqu'un qui n'est plus elle.

Quand ses fractures sont réparées et qu'elle peut enfin rentrer chez elle, Patricia décide de se prendre en main. Elle passe à l'action, consulte une diététicienne, suit scrupuleusement ses conseils, et perd 25 kilos en deux ans ! Elle est fière, se sent vivante, presque jolie. Elle continue à faire attention quelques mois, puis baisse la garde… et reprend ses kilos.

Patricia vient me voir car elle a besoin d'une autre aide. Elle a bien compris les consignes diététiques et est prête à recommencer à les suivre, mais elle se sent vulnérable, faible face à elle-même. Elle ne supporte plus son corps.

Au tout premier abord et à travers ses mots, j'ai un peu peur qu'elle attende de l'hypnose un tour de magie. J'avais vu quelques années auparavant une femme qui voulait perdre du poids et qui m'avait dit très frontalement : « Bon, vous m'endormez, vous me faites votre machin, là, et après je n'aime plus le sucre. » L'hypnose ne peut pas faire cela, personne ne peut faire cela ! L'hypnose est un état très naturel dont on peut apprendre à se servir pour atteindre un but. Cet apprentissage vous permet de vous détacher d'un symptôme, de le transformer, ou de vous aider à y porter un nouveau regard qui va produire un changement. Et puis l'hypnose n'est sûrement pas un état de sommeil : c'est au contraire un hyper-éveil, celui qui vous permet de vous rebeller contre quelque chose et de vous mettre en mouvement.

Mais Patricia était dans cet état d'esprit. Elle savait en venant que le changement ne pouvait venir que d'elle-même. Sachant qu'elle est une référence dans sa profession, je lui propose de travailler sur la confiance en elle : ce qu'elle a réussi dans son domaine, elle peut l'étendre à tout ce qu'elle veut ! Nous abordons donc notre première séance par de la détente, de l'apaisement, la visualisation d'un lieu refuge, agréable, dans lequel tout est possible et où elle peut revivre en toute sérénité un souvenir de réussite.

Les personnes « addicts » sont souvent certaines de ne pas avoir les moyens de lutter et de s'en sortir. Leur faire revivre un moment de réussite, de fierté, de soulagement d'un dénouement positif est souvent un bon point de départ : vous êtes capable, regardez ce que vous avez déjà accompli… Le but n'est pas alors de lutter directement contre l'addiction, mais de retrouver une sensation de réussite déjà éprouvée. C'est là qu'est le Graal. Par ailleurs, l'addiction au sucre serait peut-être une vue de l'esprit. Des chercheurs ont montré cette addiction sur des animaux, mais cela n'a pas été prouvé chez l'humain. La nourriture sucrée ne créerait donc pas de dépendance ? Il faut alors aborder ces « craquages » sous un autre angle, et ne surtout pas retirer la notion de plaisir.

À la fin de cette première séance, Patricia se sent apaisée, calme et tranquille, bien plus sûre d'elle. Elle me dit se rendre compte de ce dont elle est capable.

Ce qu'elle a déjà fait, elle peut le refaire ! Je la sens pleine d'optimisme et de courage.

Elle revient deux semaines plus tard pour une deuxième séance. Elle n'a pas pratiqué l'auto-hypnose comme je le lui avais suggéré, mais se sent bien et confiante. Nous pouvons donc entrer dans « le vif du sujet » : l'addiction au sucre. Lors de cette nouvelle rencontre, je lui propose de fermer les yeux et de visualiser deux chemins qui s'offrent à elle.

D'un côté, il y a le chemin du sucre, du gras. C'est lourd, pesant, écœurant. Le chemin est jonché d'emballages de gâteaux, le sol est collant. Il y a une odeur sucrée envahissante, qui prend les narines et ne les lâche plus. En marchant, elle sent les semelles de ses chaussures adhérer au sol, collées par le sucre. Les feuilles des arbres ont été remplacées par des plaquettes de beurre, les buissons sont jonchés de gâteaux à la crème. Elle se trouve sur un chemin qui ressemble à la maison de *Hansel et Gretel* ! Ce qui peut nous faire envie quelques instants finit par nous dégoûter quand « c'est trop ». Je lui demande alors de se visualiser sur ce chemin, de voir son corps, d'écouter son souffle court. Je lui demande aussi d'interroger son corps sur ce qu'il pense de tout ce sucre. Comment sa bouche, ses lèvres, ses dents, mais aussi son cœur, ses artères se sentent face à l'envahisseur sucré ? Elle peut imaginer le gras qui coule dans ses veines, le sucre qui se loge dans ses dents. Patricia fait la grimace, elle semble au bord de la nausée.

Alors, elle peut tourner son regard vers l'autre chemin, celui avec moins de sucre. Il est frais, léger, printanier. Les arbres ont retrouvé leurs feuilles, une légère brise agite l'herbe, le ciel est dégagé, le parfum des fleurs est subtil… Ce chemin sent bon le frais ! Il est lumineux, aéré. Elle peut se regarder, voir le corps qu'elle désire retrouver, courir avec son fils, rire… Patricia est radieuse à l'évocation de ce chemin, elle semble soulagée. Quand elle ouvre les yeux, je lui propose de faire revenir à elle l'image de ces deux chemins à chaque fois que le grignotage approche, afin de faire son choix en toute conscience.

Je n'ai pas eu de nouvelles pendant un an. Quand Patricia revient, elle n'a pas maigri et a retrouvé son regard triste et son pull noir. « Ça a marché pendant un moment. J'ai perdu du poids et j'étais vraiment contente. Et puis, j'ai un peu oublié comment il fallait faire. » Devant mon air étonné, Patricia confesse : « Non, en fait, j'ai eu la flemme. C'était plus facile de manger, j'ai continué à grossir. »

Elle a regardé des émissions télévisées sur l'hypnose médicale et la perte de poids, et est toujours certaine que cela peut l'aider. Elle me raconte le témoignage d'une femme qui disait que son hypnothérapeute avait induit en elle la certitude que chaque aliment sucré ou gras – les aliments « interdits » – avait à présent le goût du wasabi. Une autre avait perdu du poids après que le praticien lui eut suggéré qu'elle avait un anneau gastrique hypnotique qui réduisait la taille de son estomac.

L'utilisation de l'hypnose dans la perte de poids me semble faire partie des indications pour lesquelles il y a le moins de « mode d'emploi ». La prise de kilos est parfois due à un traitement médical, parfois à un choc émotionnel, parfois à un changement de mode de vie... Si l'origine du problème est bien moins importante que les solutions à trouver, chaque histoire influe sur la façon dont le praticien va procéder, toujours en écoutant les mots du patient. Différentes « méthodes » ont été utilisées, par exemple suggérer au patient qu'il a en lui un « cancer de gras » qui grandit depuis des années et qu'il va devoir le faire partir en mangeant de façon équilibrée.

Je reste un peu interdite devant cette demande à peine cachée de Patricia. J'ai toujours pensé que seuls les patients étaient à l'origine des réussites de l'hypnose. Ils se reprennent en main, passent à l'action, retrouvent la maîtrise et le contrôle. Ce n'est pas l'hypnose qui est magique, c'est chacun d'entre nous. Le dégoût, l'obligation, l'impossibilité... sont des termes que je n'utilise jamais. La mesure, la maîtrise, le plaisir de retrouver un corps qui nous convient... J'ai envie de travailler sur ces notions avec Patricia, et je le lui dis franchement. Elle valide cet objectif !

Elle me dit avoir longuement réfléchi à tout ce que nous nous sommes dit lors de notre première rencontre. Elle s'est interrogée et s'est sentie gênée de ne pas avoir de passion. « Je n'ai rien d'autre que ma curiosité pour le cerveau. » Ses mots résonnent immédiatement comme une ressource, pourtant. La curiosité… Le cerveau… C'est une passion que nous avons en commun ! Il est toujours plus simple d'évoquer avec les patients des sujets que je connais bien, tout en utilisant leurs propres images et leurs mots. Je me suis souvent servie de ce magnifique organe pour mettre de l'ordre dans mes sensations et mes sentiments en auto-hypnose. Je le visualise et j'améliore. Comme cela marche pour moi, je décide de le proposer à Patricia.

Elle ferme les yeux et s'apaise.

« Je vous propose un voyage au cœur de votre cerveau. Vous qui connaissez si bien celui des autres, il est temps de rencontrer le vôtre. Vous m'avez dit que vous aimiez explorer les pays lointains, découvrir, vous perdre… Votre cerveau est votre nouvelle destination. Vous en connaissez déjà de nombreuses zones : celle du langage, celle de la motricité, de la sensibilité, de la musique… Peut-être pouvez-vous aller vous y promener en toute sécurité, en toute confiance. Je vous propose de visiter les circonvolutions, de parcourir des vallées, de traverser des lobes comme autant de paysages. Le cerveau est un pays magique, aux mille cultures, aux mille possibilités. Il vous suffit d'accepter de vous y perdre, comme on se perd dans une grande ville tumultueuse, agitée, colorée, savoureuse et odorante… Au cours de votre incroyable voyage, vous allez découvrir une petite zone, celle du grignotage. Vous pourrez me faire un petit geste du doigt quand vous l'aurez trouvée… (Quelques secondes plus tard, l'index de Patricia se lève.) Très bien… Bravo… Vous qui savez si bien réparer les aires lésées de vos patients, vous qui avez le pouvoir de restaurer une fonction perdue, comment allez-vous procéder maintenant pour inhiber, modifier ce petit coin de vous-même ? Peut-être faut-il désactiver un circuit ? Ou bien en reconnecter un autre ? Ou bien peut-être allez-vous choisir d'agrandir la zone voisine, celle du contrôle, de la décision, du bon choix ? »

Ses doigts bougent, ses sourcils se froncent, comme ceux d'un artiste concentré pour atteindre la perfection. Patricia se promène, répare, efface… Quand elle ouvre les yeux, elle me dit : « Ça y est ! J'ai la clé ! » Elle a choisi de rayer cette zone comme on crayonnerait sur une carte un endroit qu'on ne veut plus voir. Elle a « entendu » le son particulier du crayon qui barre, elle a vu la zone rapetisser, se transformer, changer de couleur. Elle est cette fois décidée à pratiquer l'auto-hypnose régulièrement.

Patricia est revenue me voir l'été suivant, fine et colorée, son cerveau restauré. Elle a revécu les trois séances que nous avions faites ensemble, car elle a eu besoin à plusieurs reprises de reprendre confiance en elle. La visualisation des deux chemins l'a aidée quand une sorte de pulsion la prenait. En la regardant, j'ai été ravie et soulagée de constater que, malgré son nouveau corps, elle conservait cette rondeur rassurante qui fait tellement partie d'elle.

Les ruptures de Jeff et de Claire

ARRÊTER DE FUMER

Jeff et Claire ne se connaissent pas, mais leurs histoires sont étrangement semblables. Ils ont tous les deux quarante-cinq ans. Ils sont actifs, parisiens, modernes, dynamiques. Ils aiment tous les deux la mode, les sorties, les expositions, les soirées entre amis. Ils n'ont pas d'enfant et sont célibataires. Ils font très attention à leur apparence physique. Ils gagnent bien leur vie, voyagent beaucoup, se font plaisir, s'offrent tout ce qu'ils veulent.

Ils sont tous les deux fumeurs depuis l'adolescence et ont une consommation régulière depuis l'âge de vingt ans. Tous deux fument un paquet de cigarettes par jour.

Leur réponse à ma question classique: « Qu'est-ce que vous aimez dans la cigarette ? » est exactement la même: « La détente, le goût, associer la cigarette à un verre d'alcool entre amis. La cigarette, c'est convivial. »

De la même façon, ils répondent tous deux à ma question: « Qu'est-ce que vous n'aimez pas dans la cigarette ? » par : « La contrainte, être prisonnier, la soumission à quelque chose, la place trop importante que ça a prise dans ma vie. Et puis l'odeur sur mes cheveux, mes vêtements, le risque pour ma santé. »

Tous deux ont essayé différentes techniques pour arrêter de fumer : les patchs, l'acupuncture, les livres pour arrêter de fumer, les traitements médicamenteux… avec plus ou moins de succès. Plutôt moins que plus, puisqu'ils viennent tous les deux me voir pour en finir.

Jeff et Claire ne se connaissent pas, donc, mais ont également en commun une rupture difficile.

Jeff était très amoureux d'un homme avec qui il a vécu quinze ans. Quand il s'est rendu compte de ses nombreuses infidélités, il y a un an, il l'a quitté, mais a eu du mal à franchir le pas. Il était toujours amoureux, son ami lui jurait qu'il l'aimait également, mais ne pouvait s'empêcher « d'aller voir ailleurs ». Jeff a finalement mis un terme à l'histoire et se sent encore partagé entre l'amour et la haine.

Claire a été mariée pendant quinze ans à un homme parfait sur le papier : même milieu social, bonne présentation, intelligent, drôle, mais terriblement ennuyeux. Quand elle a découvert il y a un an qu'il la trompait alors qu'elle était restée fidèle malgré l'ennui de leur vie commune, Claire a vu rouge ! Elle a quitté son mari, allant ainsi contre l'avis de ses parents et à l'encontre des traditions liées à son éducation bourgeoise.

Il n'est pas question ici de faire un cours sur l'arrêt du tabac par l'hypnose, mais le parallèle entre ces deux histoires est frappant, et la façon dont nous avons procédé, identique : « Vous pouvez rompre avec le tabac, qui n'est pas bon pour vous, comme vous vous êtes séparé(e) de cet homme qui n'était pas bon pour vous. Vous êtes capable de vous défaire, de vous détacher, et de reprendre votre liberté. »

Chacun d'eux a décidé, sans que je le lui suggère, d'imaginer le visage de l'homme infidèle sur chaque paquet de cigarettes. « La cigarette, c'est LUI ! »

Claire a arrêté de fumer immédiatement et n'a pas repris, depuis plusieurs mois. Elle se sent totalement libre, trouve même que c'est facile. Elle était prête à rompre avec le tabac, comme elle était prête quand elle a quitté son mari. Depuis, son divorce a été prononcé, et elle est enfin tombée amoureuse !

Jeff a arrêté de fumer pendant deux mois. Puis il a trouvé qu'il était agréable de regarder des paquets de cigarettes en imaginant le visage de l'homme qu'il aime, finalement, toujours. Il n'était pas prêt pour ces deux séparations. Il a donc recommencé à fumer, et vient maintenant me voir pour se détacher de cet homme… avant de pouvoir se détacher du tabac !

CHAPITRE 6

Les maladies incurables

La combattante

VIVRE AVEC UN CANCER

« Il y a quatre mois, on m'a annoncé que j'avais un cancer du sein. Ça a été un tremblement de terre. Je me suis vue morte. À soixante-deux ans. Mon père était médecin de campagne, alors, pour moi, le cancer, c'est la mort. Il n'y a rien à faire. J'ai été opérée il y a un mois et, maintenant, je suis perdue… Comment *affronter* le traitement ? Comment *résister* à la radiothérapie ? Je dois solliciter toutes mes forces de vie pour *avoir le dessus*. Comment *combattre* contre et avec moi-même ? »

Madame L. est une combattante contrainte. C'est une femme douce et tranquille qui s'est soudainement retrouvée face à la mort et à l'angoisse. Elle me raconte qu'elle a eu une belle vie jusque-là, qu'elle n'a jamais eu à lutter et qu'elle ne sait pas comment faire. Elle est terrorisée par les mois qui l'attendent et par l'issue qu'elle craint plus que tout.

Quand j'ai commencé ma formation, une des premières choses que l'on m'ait apprises était de n'utiliser que des mots positifs avec les patients. Ne jamais dire « pas de problème », par exemple. En effet, le cerveau ne traite pas les négations. Si je vous demande de ne surtout pas penser à un vélo rouge, vous « voyez » un vélo rouge. Notre cerveau entend la négation, mais ne la traite pas. Nous comprenons, mais nous ne retenons que le lexème, le mot. Toute la journée, vous entendez des phrases comme « pas de souci », « ne t'inquiète pas », et vous retenez « souci » et « inquiétude ». Notre esprit est donc marqué au cours des jours et des années par ces mots anxiogènes.

Une des premières choses dont je parle aux patients est donc ce changement de vocabulaire. Si nous réussissons à nous départir de ces mots, nous allons mieux. Petit à petit, ces expressions auxquelles nous nous étions habitués nous piquent les oreilles ! Il est tellement plus agréable de dire et d'entendre « avec plaisir », ou tout simplement « d'accord ! » C'est un exercice qui n'est pas toujours simple (ne pas dire « difficile » non plus !), mais qui porte ses fruits.

L'anxiété est un motif très fréquent de consultation. J'entends tous les jours des phrases comme : « Je suis anxieux de nature ». Je propose alors cet exercice tout simple qui consiste à faire une liste des mots de l'anxiété, et d'en trouver un pendant positif. Peut-être que la personne assise en face de moi n'est pas anxieuse, mais vigilante ? L'anxiété nous paralyse. C'est ce qui nous empêche de traverser la rue parce que, malgré le feu rouge, malgré le passage piéton, une voiture peut rouler trop vite et nous renverser. C'est ce qui nous oblige alors à stagner sur le trottoir et à faire du surplace. La vigilance, la prudence nous donnent, au contraire, une conscience claire des dangers, nous apprennent à regarder à droite et à gauche avant de traverser, notre envie d'avancer est plus forte qu'un hypothétique accident et nous avançons.

Pourtant cette fois, je sens que ces mots belliqueux sont importants pour Madame L., et qu'ils représentent une forme de protection pour elle. Elle a un cancer, et je pourrai tourner les mots dans tous les sens, ce ne sera jamais positif. Elle est en guerre, c'est un soldat, et je vais devoir l'accompagner dans son combat avec des mots et des images fortes, qu'elle me donne d'emblée.

Madame L. n'a pas envie de s'apaiser, elle veut s'armer. Pourtant, elle me dit très vite que la nature est importante dans sa vie. Avant de devenir une guerrière, elle était plutôt une contemplatrice. Elle regrette un peu cette période bénie où elle ne se souciait de rien d'autre que du chemin qu'elle allait choisir. Elle aime toujours se promener dans la campagne, ou alors dans la forêt, « mais une forêt légère ». Elle me décrit un univers étonnamment calme et paisible, après avoir utilisé des mots très forts et guerriers. Madame L. est un soldat pacifiste, qui n'a pas d'autre choix que celui de combattre.

Lors de notre première séance, je lui propose donc de se promener dans une forêt légère, qu'elle peut traverser comme on traverse des émotions. On y croise des éléments, des sensations surprenantes, mais on avance. Il s'agit ici non pas de l'aider à s'apaiser, puisque ce n'est pas sa demande, mais de l'emmener à la redécouverte d'un endroit dans lequel elle pourrait se sentir suffisamment en confiance et en sécurité pour établir son plan de bataille. Dans une forêt, on peut trouver toutes les armes dont on a besoin pour combattre ce qui est contre nature, comme la maladie.

« Approchez-vous, peut-être, d'un arbre… (Le "peut-être" est très important : on permet ainsi au patient d'accepter ou de refuser ce qu'on lui propose, il reste celui qui décide et qui choisit.) Vous pouvez me faire un petit signe avec l'un de vos doigts si vous souhaitez vous approcher de cet arbre… ou d'un autre… (L'index droit de Madame L. se soulève.) Très bien… À présent, vous pouvez poser vos mains sur l'écorce de l'arbre. Vous sentez sa rugosité, ses aspérités. Vous laissez alors l'énergie de l'arbre venir jusqu'à vous. L'arbre est le symbole même de la force, de la pérennité mêlée au changement. Il a traversé des décennies, des siècles peut-être, mais il est toujours là. Et pourtant, il change. Il est nu parfois, sans feuilles ni fruits, il est parfois recouvert de neige… Il arrive qu'un oiseau s'y installe, que le soleil l'éclaire, que la pluie le mouille… mais il est toujours là. Vous en sentez l'odeur pure, forte… Vous en regardez la couleur, les couleurs… Vous pouvez maintenant ressentir sa puissance qui vient de la terre, qui circule dans ses racines, remonte le long de son tronc, et entre en vous à travers vos mains. Cette force peut vous accompagner, et vous permettre de reprendre votre chemin pour traverser la forêt. »

Quand Madame L. ouvre les yeux, elle sourit et regarde ses mains. Elle me dit se sentir détendue et plus forte. Finalement, l'apaisement, qui n'était pas au programme, a fait son chemin. C'est là la force de la nature ! Je suggère à Madame L. de partir dans sa forêt hypnotique aussi souvent qu'elle le souhaite ou qu'elle en ressent le besoin, afin de reprendre un peu de la vigueur de l'arbre.

Il m'est souvent difficile de ne pas pouvoir agir directement sur le mal des patients atteints de cancers, ou d'autres maladies incurables. Moi aussi, je souhaiterais prononcer un « abracadabra » et faire disparaître tous les maux, comme certaines personnes me le demandent encore (mais il faut avouer que c'est de plus en plus rare, heureusement !). Quand Madame L. s'en va à l'issue de cette première séance, je ressens une certaine frustration, j'aurais aimé la rassurer, lui dire que tout allait bien se passer, mais cela aurait pu être un mensonge.

Nous nous revoyons trois semaines plus tard. Madame L. me dit se sentir plus forte, et pourtant toujours « désarmée » face à ce qui l'attend. « La maladie est une *révolution*, je n'ai pas les *armes*. » Notre deuxième séance aura pour but de lui montrer qu'elle a tous les talents pour s'armer elle-même.

J'apprends avec plaisir que Madame L. est une artiste. Avec plaisir car, pour moi, les enfants, les sportifs et les artistes sont les personnes qui sont le plus souvent en état d'hypnose, sans nécessairement le savoir. Les enfants vivent dans un monde qui mêle l'imaginaire au réel, et, pour eux, il est tout à fait normal qu'un gentil monstre ou un bel oiseau vienne les délivrer de leurs problèmes. Les sportifs ont la capacité de focaliser leur attention et leurs sens sur leur objectif: quand ils courent, par exemple, ils n'entendent que le son de leurs pas sur le sol ou sur le tapis de course, ils sentent les odeurs autour d'eux, ils regardent droit devant eux. Ils ne sont plus tout à fait ici, mais pas non plus tout à fait ailleurs. Le temps ne passe pas à la même vitesse. Les artistes, également, savent focaliser leurs sens sur leur objectif, leur art. Un sculpteur sent avec ses mains la matière qu'il travaille, avec son nez l'odeur de cette matière. Il utilise bien entendu son regard pour corriger, améliorer. Il entend le son de la matière qui prend forme, que ce soit sous ses doigts ou à l'aide d'outils. Lui non plus n'est pas tout à fait ici, mais pas tout à fait ailleurs.

Madame L. a un projet : créer un atelier collectif dans une grande maison à la campagne. Les visiteurs pourraient venir y apprendre une technique créative, comme l'aquarelle, la sculpture avec différents matériaux, ou bien simplement s'y reposer. Elle me dit également qu'elle aime « ramasser des choses » quand elle marche dans la campagne.

Nous repartons donc dans la nature, mais cette fois dans la campagne.

« La prairie qui s'offre à vous est une découverte. Vous ne la connaissez pas encore... Laissez-vous surprendre par une couleur, une lumière, une odeur... peut-être... Je vous propose d'explorer ce lieu inconnu en toute tranquillité, en toute sécurité... Il y a différentes sortes de vert, autour de vous : celui de l'herbe, celui des feuilles... Observez tous ces éléments que la nature offre à vos cinq sens... Vous pouvez en respirer les parfums fleuris, légers, boisés...

Vous pouvez à présent regarder autour de vous, à vos pieds, toutes ces choses que vous aimeriez ramasser. Si vous ne voyez rien pour l'instant, continuez votre chemin, observez... Cette prairie regorge de petites choses dont vous pourrez vous servir quand ce sera le moment pour vous... (Les doigts de Madame L. s'agitent, comme si elle fouillait la terre et l'herbe à la recherche de trésors enfouis.) Prenez ce que vous savez être utile et nécessaire pour vous... peut-être une pomme de pin, peut-être de la terre, des brins d'herbe, une fleur, une brindille... Quand vos mains et vos bras sont chargés de ce dont vous avez besoin, vous pouvez vous installer confortablement et passer à l'action. Je vous propose à présent de créer, de faire une statue, une sculpture, qui représente votre ennemi : la faiblesse, l'angoisse de la maladie... Laissez vos mains agir, elles savent comment faire. Il vous faut visualiser votre cible pour mieux pouvoir l'atteindre. À quoi ressemble ce que vous devez combattre ? Je vais vous laisser quelques instants à votre création et vous pourrez me faire un petit signe de l'index quand elle sera terminée... »

De courtes minutes passent et l'index de Madame L. se soulève. Son visage et son corps semblent crispés. Il ne s'agit pas ici de détente, mais de préparation au combat. Les séances d'hypnose ne sont pas toujours de l'apaisement, loin de là ! Ici, le but, pour Madame L., est de sentir qu'elle a les armes au fond d'elle-même pour affronter les mois à venir. Sa principale ressource est son talent d'artiste, qui va lui permettre de modifier ses émotions et de se sentir plus forte.

« À présent, vous allez pouvoir modifier votre sculpture, changer ce qui vous déplaît, à votre guise. Vous transformez, vous retirez, ajoutez, modifiez… Petit à petit, la statue de l'angoisse va devenir celle de l'espoir, de la force de vie. Vous pouvez casser, jeter à terre, ou tout simplement remodeler… »

Le visage de Madame L. est concentré, mais se détend peu à peu. Les traits s'apaisent et un léger sourire se dessine même sur ses lèvres.

Madame L. ne m'a pas raconté comment était la statue de l'angoisse ni comment elle l'avait transformée. J'aurais bien aimé le savoir, mais il était important de respecter son choix de ne rien dire. Elle m'a simplement dit, au cours de nos rencontres suivantes, qu'elle continuait tous les soirs à travailler sur sa statue, afin de la transformer en ce dont elle avait besoin.

Le chemin et la bataille sont encore longs, bien sûr. Le combat contre la maladie se fera grâce aux traitements et aux opérations, mais celui contre la peur est à présent gagné. Madame L. a appris qu'elle était compétente pour attaquer à son tour.

Nous nous sommes revues à plusieurs reprises, et ce chemin nous a conduites à la veille de la dernière séance de chimiothérapie. Madame L. avait, ce jour-là, envie de parler de son ressenti, et j'ai trouvé ses mots tellement justes et touchants que je les rapporte ici tels quels :

« Le cancer, c'est l'enfer. Les traitements, l'attente, et ces deux mots qui me hantaient : mort, souffrance. Comme une vilaine promesse liée à la maladie, quelque chose de profondément inéluctable. Vous ne pouvez pas affronter cela sans l'humain, sans tout ce qu'il y a autour. Il y a les traitements, dont on vous dit bien qu'on ne sait pas s'ils seront efficaces. Il y a les effets secondaires, violents et perfides. Chaque petit signe, chaque petit bobo devient dans notre esprit un possible effet secondaire de la chimiothérapie. On devient hyper-attentif à tout, centré uniquement sur notre mal. Et puis, il y a ces salles d'attente, remplies de gens malades, aux regards tristes, aux mots rares. J'entre toujours en lançant un grand "bonjour" à la ronde, mais les réponses et les sourires sont peu fréquents. Je les voudrais tous combattants ! J'ai trouvé, avec toutes les aides complémentaires, un moyen de lutter à armes égales. L'environnement d'accompagnement thérapeutique est essentiel, je ne reviendrai jamais là-dessus. L'hôpital a mis en place des séances de sophrologie, avec une infirmière exceptionnelle. Très peu de patients le savent, alors que ces moments-là, moi, je les attendais avec impatience. Et puis l'hypnose m'a donné la force que je ne savais pas posséder en moi. C'est comme un dopage intérieur, on vous donne des outils qui vous font dire : “Plutôt la vie !” Maintenant, je suis forte, et c'est moi qui dirige. La salle de chimiothérapie dans laquelle m'est donné mon traitement a un petit nom, comme toutes les autres. Elle s'appelle la salle Tournesol : il faut se tourner vers le soleil, la vie, quoi ! Je suis arrivée dans cette aventure avec des pulsions de mort, alors que rien ne vaut la vie ! »

Action… ça tourne !

VIVRE AVEC UNE SCLÉROSE EN PLAQUES

Les maladies incurables sont source de différents types d'angoisse : l'angoisse de la mort, mais aussi celle du handicap, de ne plus être capable de faire ce qui était si naturel auparavant, d'être diminué, de perdre de l'importance aux yeux des autres, ou bien d'en prendre, mais de façon « malsaine », en suscitant la pitié.

Le nombre de patients atteints de cancer augmente, et pourtant, bien que les essais et les traitements soient de plus en plus encourageants, les patients ne sont pas préparés à faire face à cette nouvelle vie. Il y a ce que les médecins peuvent tenter de guérir, et le reste. À titre d'exemple, les patients atteints de cancer présentent deux à quatre fois plus de dépression et de troubles de l'humeur que la population générale. On le comprend aisément, bien sûr, mais les soins psychologiques qui sont proposés à ces patients ne sont pas, eux, deux à quatre fois plus nombreux.

Comment continuer à vivre en sachant ce qui nous fera peut-être mourir ? Faut-il se battre ou faire « comme si de rien n'était » ? Aller voir un hypnothérapeute quand on a ce genre de maladie n'est pas une idée qui vient d'emblée aux patients. Ils savent que l'hypnose ne guérit pas, ils ne veulent pas passer pour des originaux qui vont consulter des charlatans, des marabouts ! Quand je les rencontre, ils ont souvent déjà parcouru un long chemin médical, mais également dans leur façon d'appréhender ce qui leur arrive. Leurs demandes sont réalistes : ils recherchent, comme l'ont très justement rapporté Joshua Wortzel et David Spiegel, une diminution du stress, des moyens de s'adapter à cette nouvelle vie, de meilleures interactions avec leur famille et leurs amis, mais également avec les professionnels de santé, et du courage pour affronter le traitement.

Comme nous l'avons dit précédemment, la sclérose en plaques fait partie de ces maladies dont on ne guérit pas. Les patients signalent, ajoutés aux déficits neurologiques inhérents à la maladie, des niveaux élevés de stress.

Il y a quatre ans, on a diagnostiqué à Madame S., cinquante-sept ans, une sclérose en plaques. Lorsque je la rencontre, je la trouve tout d'abord en colère. Cela me semble tout à fait compréhensible : elle est encore jeune, dynamique, et la voilà atteinte d'une maladie dont elle ne pourra jamais se débarrasser, il y a de quoi être en colère ! Mais, à mon grand étonnement, ce n'est pas cela qui la met le plus en rage : d'après elle, la maladie est due à un vaccin qu'elle ne souhaitait pas recevoir. Elle s'est sentie obligée par son médecin traitant, a subi le vaccin et sa maladie s'est déclarée peu de temps après. Je n'insiste pas, ne tenant pas à m'engager sur le terrain des vaccins avec elle : son opinion est faite, qui suis-je pour tenter de l'en faire changer ? Non seulement ce n'est pas mon rôle, mais je ne suis même pas sûre qu'un assentiment de ma part l'aiderait à se sentir mieux. Pour l'instant, je voudrais surtout lui faire comprendre que l'origine de sa maladie n'a peut-être pas autant d'importance qu'elle le croit. Je la laisse donc me parler, je l'écoute sans rien dire, attentivement. Elle marque une pause, semblant attendre que je donne mon opinion, ce que je ne fais pas. Puis, elle prononce ces simples mots qui me font me dire que nous sommes sur la bonne voie : « Bref, on s'en fout ! »

Bien sûr qu'on s'en fout ! Je n'ai pas le pouvoir de remonter le temps et de voir si la sclérose en plaques se serait tout de même manifestée sans ce vaccin, je ne peux pas guérir Madame S., donc en effet, on s'en fout ! Nous allons nous concentrer sur ce que nous pouvons changer, et uniquement sur cela ! À ce moment-là, je suis vraiment contente que Madame S. ait atteint ce premier objectif, le fameux « on s'en fout », sans que j'aie eu besoin de dire un mot !

Nous pouvons donc maintenant aborder la maladie en elle-même et ses répercussions sur la vie quotidienne de Madame S. La forme de sclérose en plaques dont elle est atteinte est d'évolution lente. La partie gauche de son corps s'affaiblit peu à peu et elle a des troubles de l'équilibre.

Elle me raconte qu'après l'annonce du diagnostic, elle a traversé une période très difficile. Elle se sentait dominée par l'anxiété et ne faisait plus confiance à personne.

« Puis, je me suis remise en mouvement, il y a deux ans. Je fais du qi gong, de la méditation. Cela m'aide, je me sens plus facilement apaisée. Mais j'ai besoin de gérer la menace de la diminution de mes forces, je sens bien que la maladie gagne du terrain, il faut que j'apprenne à faire avec. Je veux retrouver ma joie de vivre, ma gaieté et mon enthousiasme. »

J'ai besoin d'en savoir un petit peu plus sur elle, sur ce qui la fait vibrer, sur ce qui est positif, maintenant que je sais ce qui ne l'est pas.

Madame S. se décrit comme une femme joyeuse, bien qu'anxieuse. Elle a beaucoup d'amis précieux, avec lesquels elle aime échanger, partager. Elle adore les voyages, la campagne, et ressent un grand besoin de verdure : « Je veux me réconcilier avec la nature. »

Elle est réalisatrice de films. Elle sait diriger les acteurs, donc !

Je lui propose alors de diriger une nouvelle actrice : elle-même. Elle pourra ainsi choisir tous les changements qui lui sembleront nécessaires, et les effectuer.

Madame S. ferme les yeux, paisible, l'état hypnotique est induit très rapidement.

« Regardez le décor de ce nouveau film que vous tournez. C'est vous qui avez écrit le scénario, vous avez donc choisi où se joue cette scène particulière. L'actrice principale est votre avatar. Comme une autre "vous", que vous guidez. Cette autre "vous" doit faire face à la maladie. Expliquez-lui comment vous voulez qu'elle fasse. Vous savez diriger, vous savez gérer tout ce qui peut survenir sur un tournage, vous avez les ressources et les compétences. Expliquez à cette "vous" que vous la voulez énergique, positive, enthousiaste. Vous pouvez, bien sûr, dialoguer avec elle, échanger, écouter ce qu'elle a à vous dire. Peut-être trouve-t-elle le rôle pas très facile à jouer ? (Ne pas prononcer le mot "difficile", surtout !) Encouragez-la ! Elle sait le faire ! Tenez, quand elle est avec ses amis, elle est enthousiaste, n'est-ce pas ? Bien sûr que c'est différent, mais c'est un sentiment qu'elle connaît ! Aidez-la à retrouver ces sensations perdues ! »

Je vois que le sourire de Madame S. s'agrandit, ses mains bougent, comme celles d'un chef d'orchestre.

Je la laisse dialoguer intérieurement quelques instants avec son avatar, et la guide tout doucement vers un retour ici et maintenant.

Quand elle ouvre les yeux, elle dit très vite : « O. K. Donc ça, c'est fait, c'est bon ! La prochaine fois, on pourra travailler sur la douleur ? »

À la fin de cette séance, je me demande tout de même si la véritable clé n'était pas, finalement, ce fameux « on s'en fout », prononcé au bout de dix minutes d'entretien. Parfois, les choses se débloquent extrêmement vite, et cela continue de me surprendre à chaque fois que cela se produit !

CHAPITRE 7

Les anxieux

L'ange sort de sa boîte

LE MANQUE DE CONFIANCE EN SOI

Il existe une différence fondamentale entre l'anxiété et le stress : l'anxiété est un trait de caractère, un tempérament, alors que le stress est lié à un événement précis. On peut traverser une période stressante, vivre un moment stressant, avoir un objectif stressant... sans avoir un tempérament anxieux. Les anxieux, eux, le sont même en période calme, comme si un petit quelque chose de latent, dormant, laissait en permanence des signes dans le corps et dans l'esprit. Le discours des stressés et celui des anxieux sont très différents. Les premiers vous diront : « Je dois prendre la parole en public pour mon travail et je ne vais pas y arriver, ça me stresse », ou encore « Je passe mon bac dans trois semaines et je n'ai pas ouvert un livre, ça me stresse. » Les seconds, eux, vous diront : « Je ne sais pas ce que j'ai, je suis stressé tout le temps, sans raison. Tout m'angoisse, je ne suis pas à la hauteur de ce qu'on attend de moi. » Le propos sera moins clair, moins direct. Eux-mêmes ne savent pas bien pourquoi ils sont comme ça, ils ressentent juste que c'est désagréable. Il est important de faire cette distinction avec chaque patient, et d'établir s'il est anxieux ou stressé. On ne modifie pas un tempérament, on apprend à vivre au mieux avec lui, à le tourner en notre faveur. À l'inverse, on peut apprendre à gérer son stress au point de ne ressentir que le bon stress. Le point commun est souvent le manque de confiance en soi, qui peut être généralisé chez les anxieux (« Je suis nul »), ou spécifique à un domaine particulier chez les stressés (« Je n'arriverai jamais à… »).

Nous parlerons pour l'instant des anxieux, ceux qui sont nés comme ça, et qui doivent faire avec.

Les manifestations de l'anxiété sont multiples, nous pourrons le constater. Il y a les pseudo-crises d'épilepsie, les tics, les phobies, les troubles du sommeil… Tous les patients qui viennent me voir avec ces symptômes le disent clairement : « Je suis anxieux de nature. »

Et puis il y a les anxieux qui n'ont d'autre symptôme que cette certitude d'être anxieux, et cela suffit à leur être très désagréable. Leurs mots sont là aussi assez souvent les mêmes : « J'en ai marre, ça me bouffe la vie, il faut que ça change. »

Et ce constat peut se faire à différents âges de la vie.

Marie, par exemple, a quarante ans. Elle est grande, mince, blonde, élégante, d'une finesse et d'une beauté assez rares. Elle se déplace avec une certaine assurance, la tête haute. Elle porte un jean très serré, et semble savoir ce qui la met en valeur. Elle n'est absolument pas vulgaire, elle attire juste tous les regards sur elle. Elle s'installe dans le fauteuil tandis que je me demande ce qui l'amène ici avant de lui poser la question. Un arrêt du tabac ? Une phobie des araignées ? Elle n'a rien précisé en prenant le rendez-vous, alors je commence un peu à l'envers, en lui demandant : « Racontez-moi ce qui va bien dans votre vie. »

Elle semble surprise, mais pas très longtemps. La réponse tombe : « Rien. »

Ah.

Et les larmes coulent.

« Vous vous rendez compte ? Vous me demandez ce qui va bien et là, qu'est-ce que je vous dis ? RIEN ! Alors que tout va bien : j'ai un mari merveilleux, trois petits garçons adorables, je ne manque pas d'argent. Je ne manque de rien, en fait. Enfin si. Je manque de confiance en moi. »

Elle a pourtant l'air tellement sûre d'elle, sans être prétentieuse, juste consciente de ce qu'elle est et de ce qu'elle dégage. En fait, non. Elle fait partie des femmes que l'on envie au premier abord, au premier regard. Celles dont on se dit : « Elle a tout ce qu'il faut, comme j'aimerais lui ressembler… »

Marie a eu jusque-là une vie qu'elle qualifie de facile et banale : mariée, premier enfant, divorcée (son mari l'a quittée trois mois après la naissance de leur fils), nouvelle rencontre sept ans plus tard, nouvelle grossesse, des jumeaux. Les bébés naissent malades. Rien de grave, mais elle va devoir se battre pour faire reconnaître au corps médical que ses enfants ont un problème. Puis elle va devoir se battre pour trouver la personne qui leur proposera un traitement. Puis elle va devoir se battre pour les emmener régulièrement à l'autre bout de la France afin de rencontrer ce spécialiste. Elle avait un job de rêve dans une grosse société de luxe très connue. Elle avait réussi à négocier un temps aménagé pour s'occuper de ses jumeaux jusqu'à leurs trois ans. La date de sa reprise de travail à temps plein est arrivée, elle n'a pas souhaité modifier ses horaires... elle a été renvoyée. Je l'écoute attentivement et, tout en étant consciente qu'elle n'a pas passé sa vie à casser des cailloux dans une mine, je ne dirais pas non plus que son parcours a été facile. Mais Marie ne se plaint pas. Elle hausse les épaules, trouve que « c'est la vie ». Et puis, de toute façon, tout ce qu'elle a ou a eu, elle ne le mérite pas, alors il est normal qu'un jour cela lui soit retiré : son premier mari, son poste... Elle me raconte aussi qu'elle ne sait pas se fâcher avec les gens, qu'elle préfère fuir. L'affrontement l'angoisse au plus haut point. « J'ai peur de perdre l'amour ou l'amitié des gens si je leur dis ce que je pense. » Elle est un imposteur, d'après elle : « Mon mari va finir par se rendre compte qu'il y a des femmes bien mieux que moi », « Ils ont eu raison de me virer, je ne méritais pas ce poste »...

Elle ne se trouve pas jolie non plus.

Depuis quelques mois, ce tempérament lui pèse. Elle a besoin de se révolter contre elle-même, de ne plus se laisser faire par peur de ne plus être aimée.

Marie est angoissée, elle n'a pas assez confiance en elle pour être sereine dans la vie et dans ses relations avec les autres. Elle n'a pas de symptôme particulier, pas de crises d'angoisse, pas de phobie. Elle souffre, c'est tout.

Nous commençons par un exercice très simple pour gagner de la confiance en soi. Je présente à Marie trois photos : l'une représente Wonder Woman, une autre est une photo de Christine Lagarde et la troisième représente Beyoncé. Toutes les trois sont dans la même position : debout, droites, les mains sur les hanches et le regard haut.

« Quels sont les points communs entre ces trois femmes ? »

Elle rit, ne voit pas tout de suite.

« Wonder Woman, Christine Lagarde et Beyoncé ? Non, franchement, je ne vois pas le rapport. »

Marie ne voit pas les femmes puissantes, elle ne remarque pas la position de leurs corps. Je le lui fais remarquer et elle est elle-même sidérée de ne pas avoir perçu ces points communs. Je lui parle de ces femmes (cela pourrait être des hommes d'ailleurs, Superman a la même position !) et de leur façon de se tenir.

« Elles ont les jambes un peu écartées, bien campées sur le sol. Qu'est-ce que cela signifie, selon vous ?

— Ça veut dire : "Je suis là."

— Et les mains sur les hanches, c'est pour dire quoi ?

— "Je suis capable, je peux le faire."

— Parfait ! Et le regard ? La position de la tête ?
— Ça, ça veut dire : “T’as un problème ?” »

Amy Cuddy, chercheuse à Harvard, a parlé de cette position et du langage corporel qui montre qui nous sommes. Elle a souvent présenté, lors de conférences, les résultats de différents travaux qui ont étudié les niveaux hormonaux présents dans notre corps en fonction de notre position. Les positions de « leaders », comme sur les images des trois femmes, vont permettre d’augmenter de 20 % le taux de testostérone, et de diminuer de 25 % celui du cortisol, l’hormone du stress. Or un haut niveau de testostérone augmente le niveau de confiance en soi, et un bas niveau de cortisol diminue l’anxiété.

Marie a donc des « devoirs » à faire d’ici notre prochaine rencontre : prendre cette position pendant deux minutes, chaque jour, et noter les petits et grands changements dans sa façon de ressentir les choses.

Lors de notre deuxième rencontre, Marie a fait son exercice quotidiennement. « Ça marche votre truc ! » Eh oui… Ce n’est pas un miracle, mais c’est tout simple et on se sent mieux. La vie de Marie n’a pas changé, mais elle se sent un tout petit peu mieux. Elle commence à soupçonner qu’il y a peut-être une Wonder Woman qui dort en elle… qui ne dort pas tant que ça d’ailleurs, il suffirait qu’elle soit consciente de son existence. C’est cette femme forte et déterminée qui a élevé son enfant seule, qui a trouvé un moyen de s'occuper des soins de ses jumeaux malades tout en assurant dans son travail. Bien sûr qu'elle n'est pas la seule, bien sûr que de nombreuses autres femmes vivent et accomplissent des choses bien plus difficiles, mais cela ne diminue en rien sa valeur propre. Elle rougit quand je lui fais part de ces pensées sur sa valeur et son courage. Elle rougit quand je la félicite en toute sincérité pour avoir fait assidûment son exercice quotidien. Elle rougit quand je la complimente sur son écharpe…

Maintenant qu'elle connaît un des moyens de gagner en confiance, je voudrais emmener Marie au cœur de son angoisse. Je voudrais qu'elle la regarde en face, qu'elle la reconnaisse pour mieux pouvoir l'affronter et la dominer. Marie est d'accord, elle sent elle aussi que c'est le moment de se confronter à ce qu'elle veut surmonter. Je lui propose alors de se regarder comme elle ne l'a jamais fait : de l'extérieur. À ce moment-là, j'ignore totalement ce qui va se passer, ou même s'il va se passer quoi que ce soit.

Marie est dans une transe hypnotique depuis déjà quelques minutes quand je lui pose la question la plus simple :

« Regardez-vous dans un lieu tout à fait familier, votre salon peut-être. Regardez la position de votre corps, l'endroit dans lequel vous êtes installée, ce que vous faites… Que voyez-vous ? »

Il arrive que les patients vivent une transe au cours de laquelle ils ne répondent à aucune question, alors que d'autres vont dialoguer pendant qu'ils sont dans l'état hypnotique.

«Je suis dans une boîte. Elle est jolie, la boîte. Son couvercle est ouvert, alors je peux regarder autour, mais je ne peux pas sortir. Je n'ai pas vraiment envie de sortir d'ailleurs. C'est ma boîte. Enfin peut-être que j'en ai envie, je ne sais pas. Je crois que je n'y pense même pas.

— Vous sentez-vous à l'abri dans cette boîte ?

— Non, pas vraiment. C'est là que je dois être, c'est tout. C'est ma mère qui m'a mise là. Ma mère, elle ne veut pas que je sois une femme. J'ai appris à trente ans ce qu'étaient un mascara et une crème hydratante, parce que je travaillais dans le luxe et que ma boss me disait que je ne pouvais pas rester avec cette allure de garçon manqué, qu'il y avait des limites ! Ma mère me met dans cette boîte pour que je reste à elle. Je ne suis pas une femme, je suis sa fille. Je lui suis redevable parce qu'elle m'a beaucoup aidée avec les jumeaux. Ma mère, elle, elle est très féminine. Mais moi, je n'ai pas le droit.

— Que ressentez-vous, dans cette boîte, dans votre corps ?

— Je me sens oppressée. Comme si la boîte devenait trop petite. J'ai besoin d'air, il faut que je sorte. Non ? J'ai le droit de sortir ?»

Alors, je lui demande ce que ferait Wonder Woman, ou Beyoncé, pour sortir de la boîte.

«Wonder Woman, je pense qu'elle lancerait son lasso doré pour l'accrocher au plafond et qu'elle se hisserait avec grâce en dehors de la boîte. Beyoncé, elle écarterait les bras et les jambes, sauterait, danserait, et ferait tout péter dans un feu d'artifice sous les acclamations de la foule !

– Et Marie ?

– Marie… elle mettrait du mascara, de la crème hydratante, du rouge à lèvres et des escarpins et elle dirait tout simplement “non”, fermement. Et elle sortirait. »

Marie a continué à travailler en auto-hypnose très régulièrement, mais pas seulement parce qu'elle est ce que l'on appelle une « bonne élève ». Elle m'a rassurée sur un point important : elle pratique ses exercices, car elle sait qu'ils lui font du bien, et pas pour me faire plaisir ou pour simplement faire ce qu'on lui dit de faire, comme elle en avait l'habitude. Elle le fait POUR ELLE-MÊME !

Marie m'a par la suite raconté que sa mère était venue lui rendre visite chez elle, peu de temps après. Elle l'a accueillie d'un sourire « rouge à lèvres », ce qui lui a valu une première critique acerbe, qui lui a glissé dessus. Sa mère avait apporté un nouveau rideau de douche et quelques bibelots qu'elle voulait installer d'autorité dans la maison de sa fille. Marie a souri et a simplement dit « non ». Sa mère a semblé surprise, puis outrée. Elle a insisté, et tenté à différentes reprises de placer les objets sur une étagère, mais Marie les retirait les uns après les autres, et répétait inlassablement : « Non. »

Parfois, elle sent encore que la boîte n'est pas très loin, mais elle a la parade : « Quand je sens que je retourne dans la boîte, je me tourne vers la Wonder Woman en moi et j'en sors ! »

Il faudra encore quelques rencontres et surtout beaucoup d'auto-hypnose pour que Marie se sente tout à fait bien et confiante. Mais les choses s'améliorent. La preuve : la dernière fois qu'elle est venue me voir, elle m'a dit : « Je me trouve jolie aujourd'hui ! »

Le confort vert du peintre

L'ANXIÉTÉ ET LE STRESS

Le ras-le-bol de l'angoisse et de ses manifestations peut survenir à tout âge… Monsieur G. a quatre-vingt-un ans. Il en paraît vingt de moins ! Il rit devant mes yeux écarquillés ! Il semble assez fier de l'effet produit quand il annonce son âge. Pourtant, les mots qu'il utilise ensuite pour se décrire sont sans concession : « Je suis un émotif malade ! Je suis craintif, inquiet, tout le temps, pour tout, pour tout le monde. Et puis je fais tout mal. »

Il bougonne un peu et me fait rire lorsqu'il me raconte qu'il a déjà « subi » deux séances d'hypnose : « C'était un type qui me faisait des pressions sur le corps et qui me disait de me sentir bien. Il répétait sans arrêt : sentez-vous bien, sentez-vous bien… et plus il disait ça, plus j'avais envie de partir tellement je me sentais mal ! »

Il a l'air content de me voir rire à son récit. Quand je lui demande pourquoi il a décidé de tenter à nouveau l'hypnose, il me dit : « Parce que vous êtes une femme. » Je ne trouve rien à répondre à cet argument !

Monsieur G. me raconte que son angoisse augmente avec l'âge, mais que cela a commencé très tôt, dans l'enfance, probablement parce qu'il a été battu par sa mère. Il n'est pas certain que cela vienne de là, mais pourquoi pas ? Il passe rapidement sur cette période de sa vie et je n'insiste pas, car nous ne faisons pas ici de psychothérapie. Je suis tout à fait prête à écouter les histoires du passé, mais je ne vais jamais les chercher.

Monsieur G. manque de confiance en lui, c'est clair : il a été dessinateur industriel et a adoré son métier. Pourtant, il n'est pas sûr d'avoir été très compétent, mais il a aimé ça. Il est marié, il a deux filles et deux petits-enfants, « tout pour être heureux », lui aussi ! Mais il n'est pas sûr d'avoir été un très bon père ni un très bon mari. Spontanément, il me dit : « Je vois l'avenir assez noir. » L'utilisation de ce terme, « noir », va beaucoup nous servir. Monsieur G. semble utiliser son sens visuel de manière préférentielle. Il me dit également : « Je ne vois pas le bout du tunnel. »

À quatre-vingt-un ans, il sera sans doute difficile pour Monsieur G. de sortir de sa boîte ou de dire « non » à sa mère, comme a pu le faire Marie. Il veut juste un peu plus de confort et de douceur dans sa vie.

Je lui demande s'il y a des moments de son quotidien, ou bien des lieux, dans lesquels il ne ressent pas cette angoisse.

« Quand je peins. (Chouette, un artiste !) Je fais des concours de peinture, d'aquarelle. On est tous dans un paysage, et on peint. J'adore ça ! Tout va bien quand je peins. »

Monsieur G. décrit la transe de l'artiste qui crée : il n'est pas tout à fait ici, pas tout à fait ailleurs, et se sent bien. Je lui explique que ce moment précis qu'il me décrit comme étant le bien-être, c'est de l'hypnose. Il est étonné, puis rassuré : pas de pressions sur le corps, pas de « sentez-vous bien », juste lui et sa peinture.

J'imagine alors que Monsieur G. pourrait créer un tableau de son bien-être, qu'il pourrait à tout moment améliorer ou corriger selon son humeur ou les événements.

La vue, les couleurs, la toile, le paysage… que voit-il ? Il ferme les yeux et me raconte :

« Je suis dans la campagne… Il y a un pont, une rivière… J'entends le clapotis de l'eau… Je vois les oiseaux et je les entends chanter. Ce que j'aime, c'est chercher les couleurs, surtout les verts. Je les mélange, je mets de l'eau pour adoucir, je donne plus de lumière avec une touche de jaune… Je suis bien quand je trouve la bonne couleur. Mais tous les verts sont beaux, il faut simplement trouver le bon dans le juste moment. C'est incroyable tous les verts dont regorge la nature. Il faut les regarder, les chercher. Ils sont fascinants quand on tente de les reproduire.

– Alors, quelle est la couleur de votre confort ?

– Il est vert également, mais un vert profond. Un vert presque émeraude, mais plus sage, moins pétillant.

– De quelle couleur vous sentez-vous en ce moment ?

— Je ne suis pas très vert en tout cas ! Je suis plutôt une sorte de gris foncé un peu sale, avec des touches de marron.

— Comment faire venir ce vert profond ? Pour qu'il devienne votre couleur, votre sensation ?

— Je ne sais pas, le gris marron est tellement là…

— Je vous propose de commencer par effacer le gris, en mettant de l'eau, du blanc. Puis, quand la toile est nettoyée, vous pouvez peut-être créer votre vert. Du bleu Klein, le cyan est trop clair. Puis du jaune, mais par petites touches. Un peu d'eau, pas trop… C'est vous qui connaissez le parfait dosage de votre confort, c'est vous l'artiste de votre bien-être. Vous avez la capacité, le talent de modifier ce qui doit l'être. »

Ce jour-là, le confort de Monsieur G. était vert profond. Mais notre confort change de couleur au gré de notre humeur et du temps qui passe. Il est d'ailleurs intéressant de se poser cette question chaque matin : « De quelle couleur suis-je aujourd'hui ? Et de quelle couleur aimerais-je être ? » Avant même de poser un pied par terre, cela peut nous aider à modifier ce que sera notre journée.

Quelques semaines plus tard, Monsieur G. revient, toujours un peu bougon :

« Oui, bon, c'est vrai que ça va un peu mieux : tous les soirs, je fabrique mon vert avant de dormir. Mais bon, j'en ai marre du vert, moi ! Comment je fais pour le bleu ?! »

CHAPITRE 8

L'impossibilité d'être soi

Flore visite les années 1980

L'ANOREXIE

L'anorexie est un trouble du comportement alimentaire qui peut avoir des conséquences dramatiques, en engageant le pronostic vital dans bien des cas. N'étant pas psychologue de formation, je ne reçois habituellement pas les patients présentant de tels troubles, car je pense qu'il est préférable pour eux d'être pris en charge par un thérapeute qui connaît parfaitement leur pathologie psychiatrique.

J'ai pourtant rencontré Flore, qui est extrêmement bien prise en charge dans un centre spécialisé. Elle est suivie par un psychiatre et un psychologue, avec lesquels elle travaille régulièrement. Par ailleurs, une diététicienne s'occupe avec elle de la gestion de ses repas. Flore a été à plusieurs reprises hospitalisée, quand son poids atteignait un seuil dangereusement bas pour sa santé. Bien entendu, les difficultés qu'éprouve cette jeune fille à avoir confiance en elle et à accepter son corps sont en lien direct avec son trouble du comportement alimentaire. C'est pour cela que, quand la maman de Flore m'a contactée sur les conseils du psychiatre du centre, j'ai longuement hésité. Comment l'aider à reprendre confiance en elle et en son corps sans interférer avec le travail du psychiatre et du psychologue ? Nous nous sommes donc tous concertés à plusieurs reprises, et, à la demande de Flore, avons décidé de commencer une prise en charge par l'hypnose pour l'aider à retrouver l'énergie et la confiance qui lui permettront de passer ses épreuves du bac de français. Mais Flore poursuivra son suivi psychologique et psychiatrique au centre.

Elle a donc seize ans quand je la rencontre. À ce moment-là, elle ne pèse que 40 kilos pour 1,66 mètre. C'est une jeune fille très active, très sportive, qui a longtemps dépensé énormément d'énergie et de calories dans toutes ses activités. Depuis quelque temps, elle est devenue trop faible pour faire du sport, et des horaires ont été aménagés au lycée, afin de ne pas trop l'épuiser.

Elle est d'une maigreur surprenante, mais nous avons décidé de ne pas évoquer son poids. Je lui demande simplement, lors de notre premier rendez-vous, comment elle se sent : « Je me sens comme une coquille vide, répond-elle. Je n'ai rien de particulier, rien d'exceptionnel, je suis banale, je n'ai aucun talent. »

Elle évoque finalement elle-même sa maladie : « Cela m'a envahie et a envahi aussi toute ma famille. Tout tourne autour de ça : ce que je mange, le tri que je fais dans mon assiette… Je voudrais passer à autre chose. »

Nous avons donc entamé ensemble un travail sur la confiance en soi. Flore a beau dire qu'elle n'a aucun talent, elle a toujours avec elle un petit cahier noir qui ressemble à un carnet de croquis. Quand je lui demande de quoi il s'agit, elle me montre très spontanément ses dessins. Je ne suis pas une grande connaisseuse en art, mais je trouve que ses dessins sont magnifiques. Ils ne sont pas sombres, ils ne sont pas lugubres. Au contraire, ils représentent des scènes pleines d'espoir et de vie dans des paysages fantastiques, avec des créatures imaginaires. La créativité de Flore est impressionnante ! Au milieu de ces paysages et de ces créatures, il y a toujours une jeune fille souriante, avec un air déterminé. « C'est moi, me dit Flore. Enfin, ce sera moi ! »

« C'est toi le jour où tu vas passer tes épreuves de français ? Forte, sûre de toi, confiante, décidée, énergique ?

— Voilà, c'est tout à fait ça ! »

Flore rit en s'imaginant en « guerrière » de la littérature ! En regardant les dessins et la représentation qu'elle a faite d'elle-même, je pense à cette chanson des années 1980 que j'aimais tellement à cette époque : « Take on me », de A-ha. Dans le clip, une jeune fille s'ennuie, seule dans un café, et lit une bande dessinée. L'histoire est celle d'un jeune homme qui échappe à des tueurs. La jeune fille lit avec avidité quand tout à coup, la main du jeune homme « sort » de la BD pour l'inviter à le rejoindre dans l'histoire. Séduite, elle attrape cette main et « entre » dans le dessin. La suite du clip montre les deux jeunes gens « dessinés » échappant à leurs poursuivants et s'embrassant avec passion…

Bien entendu, Flore ne voit absolument pas de quoi je parle ! Je lui montre donc le clip, et je suis heureuse de constater qu'elle l'aime beaucoup ! La jeune fille qui s'ennuyait est devenue une héroïne. Flore peut s'identifier et choisir, elle aussi, de plonger dans ses dessins.

Elle est dans cet état hypnotique agréable, confortable, chacun de ses sens ouvert à ici et à maintenant… et je lui propose de devenir cette jeune héroïne qu'elle dessine si bien.

« Tu tournes les pages de ton carnet de croquis… Tu feuillettes, jusqu'à ce que tu trouves le dessin qui représente le mieux la jeune fille déterminée, fière et performante qui va bientôt aller passer son bac de français… Quand tu auras trouvé ce dessin, tu pourras simplement me le signaler d'un petit geste du doigt. »

J'attends quelques instants, en espérant que Flore trouvera intérieurement cette « elle » qui est capable et forte. L'index de Flore se soulève.

« Très bien… Regarde-la, cette jeune fille. Elle te tend la main, n'est-ce pas ? »

Flore hoche discrètement la tête.

« Alors, si tu as envie de la suivre, tu peux, comme dans le clip, attraper cette main, et sauter dans ton dessin. Regarde-toi, regarde qui tu es… Observe toutes tes qualités, tes connaissances, ton talent pour t'exprimer et pour écrire… Tu es dans cette salle d'examen, entourée de dizaines de lycéens, mais c'est toi l'héroïne. Comme dans le clip, tu vas devoir affronter des obstacles : un auteur que tu n'aimes pas ? Un trou de mémoire sur une citation ? Un sujet de dissertation ou un texte à analyser qui ne t'emballe pas ? C'est possible. Tu connais ces obstacles, tu sais comment les franchir. Tu les passes les uns après les autres. Tu continues à avancer. Tu es l'héroïne de cette histoire… »

Flore se sent plus forte à la fin de la séance. Elle doit passer son bac dans trois semaines, et se dit « super-motivée » pour reproduire cette séance d'entraînement à la réussite en auto-hypnose.

La veille du bac, ses médecins ont constaté qu'elle avait perdu 2 kilos. Ils ont souhaité demander une dispense pour les épreuves de juin, pensant que Flore n'avait pas les ressources physiques et psychiques pour affronter quatre heures d'examen. Flore s'y est opposée, elle voulait passer le bac en juin. Inquiète, craignant un malaise ou une crise de panique, sa maman l'a attendue pendant toute l'épreuve écrite devant la salle d'examen. Flore a tenu les quatre heures. Elle n'était pas stressée, ni la veille ni le jour même, et en était la première surprise. Elle a obtenu la note de 16/20 à l'écrit, et de 17/20 à l'oral.

Elle raconte qu'elle a passé l'épreuve dans une bande dessinée qui l'a entraînée vers la réussite…

Elle continue à perdre du poids, et pourtant, lors de notre dernière séance, elle m'a avoué que la « elle » du dessin, celle qui réussissait, qui l'attirait tellement, pesait bien 54 kilos…

Alicia-Franck

LA QUESTION DE L'IDENTITÉ SEXUELLE

Les troubles que l'on appelle « fonctionnels » ne sont pas liés à une pathologie déterminée et objectivée par les examens médicaux. Les symptômes sont très variables, depuis certaines migraines, des troubles du sommeil, des mouvements anormaux, mais également les troubles du côlon irritable, les syndromes de stress post-traumatique, le syndrome de la fatigue chronique, les jambes sans repos... Ces symptômes peuvent aller jusqu'à ce que l'on appelle des troubles de conversion, et mimer ainsi les pathologies neurologiques, telles que l'hémiplégie ou une cécité, mais sans aucun déficit du système nerveux.

Les symptômes sont invalidants, douloureux, et les patients sont souvent désarçonnés de se rendre compte que le corps médical ne peut pas trouver une cause physiologique à leur mal. Le patient ne cherche en aucun cas de manière consciente à être symptomatologique ou à souffrir. Son corps répond comme il le peut à une « agression », à une contrainte, qui peut être un stress, une maladie, une accumulation d'événements suscitant des émotions. Les symptômes peuvent être parfaitement isolés, ou bien associés à une pathologie clairement établie.

C'est le cas d'Alicia, qui présente une infirmité motrice cérébrale depuis sa naissance. Le Dr Véronique Leroy-Malherbe définit cette pathologie comme un trouble moteur non progressif secondaire à un défaut ou à une lésion sur un cerveau en maturation, et résultant de lésions cérébrales précoces (de la conception à deux ans). Il est important de noter que le handicap moteur qui en résulte est non évolutif. Or le handicap d'Alicia, lui, évolue. Elle a marché normalement jusqu'à l'âge de quatre ans, puis a utilisé des cannes, et maintenant elle est en fauteuil roulant. Mais Alicia peut marcher. Aucun déficit neurologique ne l'en empêche.

En me l'adressant, je comprends que son neurologue attend qu'elle sorte de son fauteuil. Mais ce n'est pas du tout le souhait qu'Alicia exprime lors de notre première rencontre. Elle a alors dix-huit ans. « J'ai perdu la marche à quatre ans, et j'en ai fait mon deuil ! J'ai toujours du plaisir à être debout, mais ça me fatigue trop. Je fais tout ce que je veux en fauteuil. J'ai trouvé une liberté que je n'ai jamais connue auparavant. »

Alicia peut marcher, mais elle ne le souhaite pas. La perte de la marche et la fatigue que celle-ci entraîne sont donc fonctionnelles. Je ne cherche pas à connaître l'origine de cette fonctionnalité, mais à aider Alicia à atteindre ses propres buts.

Son objectif, c'est de vivre sa vie comme elle le souhaite, dans son fauteuil. Elle a découvert une nouvelle autonomie, et trouve qu'il est bien moins fatigant de rouler que de marcher !

En revanche, ce qui dérange Alicia, ce sont les « pseudo-crises », fonctionnelles, elles aussi. Il s'agit de crises qui pourraient évoquer des crises d'épilepsie, mais là encore, aucun examen médical pas plus que de nombreux électro-encéphalogrammes n'ont pu mettre en évidence une épilepsie. Par ailleurs, les crises d'Alicia ne ressemblent à aucun type d'épilepsie connu. Elle en fait six à sept par jour. Ces crises sont majorées, tant dans leur intensité que dans leur fréquence, par la fatigue et le stress. Alicia me dit spontanément : « Je mets tout au fond mes émotions négatives. Je ne sais pas trop, mais il m'est arrivé quelque chose. »

À nouveau, n'étant pas psychologue, je ne chercherai jamais, pendant les trois années qui suivront, à savoir ce qui a pu arriver à Alicia. Elle le découvrira toute seule.

Nous avons donc travaillé pendant trois ans sur la gestion de l'anxiété, l'anticipation des crises, la diminution de leur intensité… Il est très rare que je suive aussi longtemps des patients, mais Alicia y tenait vraiment et elle semblait y trouver un réel mieux-être. Nous nous sommes donc vues environ une fois tous les deux mois, et j'ai pu constater de nombreuses évolutions.

Alicia se décrit elle-même comme « sympa, souriante, un peu folle, très sportive, fêtarde », et je confirme ! Chaque rendez-vous avec Alicia est un plaisir : elle rit tout le temps, est toujours de bonne humeur, raconte des anecdotes plus drôles les unes que les autres (ses courses en roller-fauteuil resteront gravées dans ma mémoire !). Sa blague préférée ? À la fin de nos séances, si quelqu'un était assis dans la salle d'attente, elle s'amusait à se lever de son fauteuil roulant et à s'écrier : « C'est un miracle ! Je ne pouvais pas me lever avant ma séance d'hypnose ! Regardez, je suis debout ! »

Au fil des mois, les crises d'Alicia sont devenues moins nombreuses et moins fortes. Elle a passé son bac professionnel de production graphique et a trouvé un travail. Elle m'a annoncé son homosexualité assez rapidement, mais a mis plus de temps à en parler à ses parents. Ceux-ci ont très bien accueilli la nouvelle et Alicia leur a présenté sa petite amie Lisa, en fauteuil roulant également, mais plus lourdement handicapée.

Un an plus tard, Alicia et Lisa se sont installées ensemble dans un appartement adapté à leur handicap et à leurs fauteuils. Mais la cohabitation a eu raison de leur relation, et les deux jeunes femmes se sont rapidement séparées. Alicia a semblé affectée par cette situation, mais elle a, comme à son habitude, rebondi aussitôt.

La vie d'Alicia se déroulait donc sous mes yeux au fil des mois. Je la voyais changer un peu, elle me semblait plus sereine, faisant de moins en moins de crises. Un jour où je la félicitais sur son nouveau blouson rose et blanc, elle bougonna :

« C'est moche, c'est ma mère qui m'a obligée à acheter ce truc. C'est pour les filles, ça.

– Mais, tu es une fille, non ?!

– Mouais... J'ai toujours été un garçon manqué. Je préfère les trucs de garçons, moi. »

Nous avons alors travaillé sur cette notion de connaissance de soi-même, les goûts, les envies, les préférences...

Lors d'une séance, j'ai proposé à Alicia une projection dans l'avenir.

« Imagine-toi dans quelque temps, quelques années, peut-être... Où voudrais-tu être dans cinq ans ? Regarde le paysage que tu as envie de voir autour de toi, respire les odeurs que tu souhaites intégrer dans ce paysage... Observe les personnes qui t'entourent... Qui sont-elles ? Et toi, que fais-tu ? Peut-être travailles-tu dans une imprimerie ? Ou bien dans une association d'aide aux personnes handicapées ? Est-ce que tu es encore dans ton fauteuil, ou bien est-ce que tu te sens bien avec des béquilles ? Tu fais de moins en moins de crises, j'imagine... Cela doit être anecdotique, maintenant que tu sais si bien les contrôler. »

J'avais senti Alicia un peu perturbée après cette séance, mais cela ne m'avait pas étonnée : se projeter dans l'avenir est parfois déconcertant, et il est fréquent que les patients à qui je propose cet exercice soient surpris de ce qu'ils ont vécu pendant ce voyage hypnotique.

Quelques semaines plus tard, Alicia est revenue, un immense sourire aux lèvres :

« J'ai un truc à te dire ! Tu vas halluciner ! »

Les histoires d'Alicia étant toujours croustillantes, j'attendis avec impatience !

« Je suis un garçon. En fait, je suis née dans ce corps de fille, mais ça ne me va pas du tout. Je ne suis pas cette fille, je ne suis pas une fille. Quand on a fait la séance sur l'avenir, je me suis vue en garçon ! Et depuis, je n'ai plus fait de crises ! Je sais qui je suis, maintenant. C'est ça qui m'est arrivé : je ne suis pas née dans le bon corps ! »

Quand nous avons fait cette séance sur l'avenir, je n'imaginais pas une seconde ce qui attendait Alicia. Nous n'avions même pas évoqué la féminité, les préférences sexuelles et encore moins l'identité sexuelle. L'hypnose a donné à Alicia les clés qu'elle cherchait depuis longtemps, sans qu'aucune de nous deux s'y attende. La solution est parfois là où on ne l'attend pas...

Alicia a pris contact avec une association qui lui a donné les coordonnées de médecins compétents. Elle a commencé le suivi psychologique indispensable à cette transformation, qu'elle souhaite à présent plus que tout au monde. Elle a choisi de s'appeler Franck. J'essaie de ne pas me tromper, et d'utiliser le bon pronom personnel quand je lui parle, mais ce n'est pas si simple ! Par exemple, il n'est pas question de lui dire : « Je te trouve très jolie aujourd'hui ! » ou « J'apprécie que tu sois toujours souriante ! »

Ses parents ont été soulagés, bien qu'un peu choqués ! La famille va partir vivre à Marseille, où le suivi et les opérations de Franck pourront avoir lieu.

J'appréhendais un peu notre dernière séance, mais Franck a bien fait les choses et j'ai reçu ce mail rédigé « au masculin » quelques heures avant notre rendez-vous :

> *« Bonjour,*
>
> *Désolé de te prévenir si tard, mais j'ai été très pris ces dernières semaines. Je ne pourrai pas venir aujourd'hui, car je pars cette après-midi pour Lyon puis Marseille pour ma nouvelle vie.* 😉
>
> *J'ai obtenu hier l'attestation du psychiatre pour pouvoir aller voir l'endocrinologue, donc, voilà, mon parcours commence réellement maintenant.* 😀
>
> *Je repasserai te voir de temps en temps, je verrai bien si tu me reconnais.* 😊
>
> *Merci pour tout ce que tu m'as apporté, je t'en suis très reconnaissant !*
>
> *À bientôt,*
>
> *Franck »*

Quelques jours plus tard, je recevais un nouvel e-mail de Franck, avec simplement une pièce jointe : une photo de lui, debout, s'appuyant sur ses béquilles. Le fauteuil n'était plus nécessaire.

CHAPITRE 9

Les troubles du langage

Mia et Gaga

LE BÉGAIEMENT D'UNE PETITE FILLE

L'origine du bégaiement est encore un peu brumeuse. Les experts ont classé ce trouble de la parole en deux catégories : les bégaiements sans origine retrouvée ou « idiopathiques », qui se développent dans l'enfance en même temps que l'émergence du langage, et ceux que l'on qualifie d'acquis, à la suite d'un traumatisme psychologique ou d'une pathologie telle que la trisomie 21 ou une lésion cérébrale. Je n'évoquerai pas cette dernière catégorie, car le travail en hypnose comme en orthophonie ou en psychothérapie sera directement lié à la pathologie.

Mais que sait-on sur le bégaiement idiopathique ? Pas grand-chose. On a retrouvé un facteur héréditaire, mais ce n'est pas une règle absolue. Toutefois, les enfants de bègues ont plus de « chances » que les autres de le devenir à leur tour. Il n'a pas été retrouvé de facteur environnemental déterminant : les interactions avec les parents, par exemple, n'ont pas de lien avec l'apparition d'un bégaiement. En règle générale, le bégaiement disparaît spontanément à la puberté, mais il arrive qu'il persiste à l'âge adulte. Aucun traitement n'a montré une efficacité réellement satisfaisante et l'hypnose ne fait pas exception.

En tant qu'orthophoniste, le bégaiement n'était pas une de mes spécialités. J'ai reçu la formation adéquate, mais, d'une part, je m'occupais uniquement de patients avec des pathologies neurologiques et, d'autre part, le bégaiement m'interpellait : j'étais consciente de l'importance de la part psychologique dans ce défaut de parole, et ne me sentais pas apte à aider correctement les patients. Ma première rencontre avec un bègue a pourtant eu lieu à l'hôpital. Un médecin avec lequel je travaillais m'avait demandé de voir le fils d'une de ses amies. Il s'agissait d'un garçon de dix ans, dont le bégaiement était très handicapant. J'étais alors une toute jeune orthophoniste, je voulais faire bonne impression et j'ai accepté de donner mon avis. J'ai rencontré le jeune Karim et sa maman, qui attendaient beaucoup de ce rendez-vous. J'avais initialement prévu de pratiquer un bilan de langage « classique », afin de m'assurer que Karim ne présentait aucun retard et que le bégaiement était bien isolé, puis de l'adresser à une de mes chevronnées collègues. Je comptais également lui donner des conseils pratiques de respiration et de relaxation, qui sont de toute façon bénéfiques. Le passage dans un service hospitalier rassure souvent les parents, et je pensais alors que c'était peut-être une bonne idée.

C'était en tout cas la seule que j'avais et le médecin qui m'adressait Karim a validé cette approche.

Le bégaiement de Karim n'était pas aussi prononcé que je l'avais craint. Il butait sur les débuts de mots, mais ne répétait pas les syllabes de façon clonique. Cela rendait la discussion hachée et il était compliqué de ne pas prononcer les mots à sa place quand je devinais ce qu'il voulait dire ! Je savais, comme tout le monde, qu'on ne bégaie pas quand on chante, et j'ai donc commencé mon bilan en demandant à Karim de chanter. Il a eu l'air surpris, et m'a dit, un peu gêné, qu'il ne chantait jamais, parce qu'il aurait eu l'air ridicule avec son bégaiement. Karim n'avait jamais chanté autrement que dans sa tête. Je l'ai encouragé à essayer, car nous n'étions que trois dans la pièce, avec sa maman. Il a donc entonné une chanson à la mode et ses larmes ont commencé à couler quand il s'est aperçu qu'il ne bégayait pas. Ce que je pensais de notoriété publique à propos du bégaiement et du chant, ni Karim ni sa maman ne le savaient. L'émotion passée, j'ai proposé à Karim d'imaginer qu'il chantait les mots à chaque fois qu'il butait. Puis, je lui ai conseillé de voir une de mes collègues spécialisées pour une « vraie » prise en charge. Nous avons encore un peu discuté, et Karim se concentrait pour « penser à chanter intérieurement » les mots quand ils ne venaient pas. Sa parole était déjà plus fluide, mais surtout il semblait rassuré et confiant.

Karim et moi avions utilisé l'hypnose sans même le savoir.

Ce n'est que vingt ans plus tard que j'ai retrouvé un patient bègue…

« Mon bégaiement, c'est ma bête noire ! »

Mia et sa maman ont tout essayé pour se débarrasser de cette bête noire. La petite fille de huit ans bégaie depuis son entrée au CP. Elle est bonne élève, elle a très rapidement appris à lire et à écrire. Sa bête noire s'est incrustée dans sa vie petit à petit, il y a donc deux ans. C'était l'année du divorce de ses parents. Mia n'a pas vraiment vu de différence dans son quotidien : le papa travaillant dans son pays d'origine, la République tchèque, la famille n'a jamais vécu ensemble. Je ne suis pas persuadée que le bégaiement de Mia soit lié à cette séparation. La maman et sa fille sont très complices. Elles rient ensemble, se font des clins d'œil, me racontent leur périple médical et psychologique pour se débarrasser de la bête. Mia en a marre, « super marre » ! Alors pourquoi pas l'hypnose ? La maman y croit beaucoup et Mia n'est plus à une expérience près !

Les voici donc toutes les deux, heureuses d'être là, souriantes et impatientes.

« Et comment elle s'appelle, ta bête noire ?

— Je sais pas… Elle s'appelle Gaga !

— Et elle est dans ton corps ?

— Oui, elle est dans ma gorge.

— Tu sais, je suis curieuse, je me demande bien à quoi ressemble Gaga… »

Depuis ma rencontre avec Colombe et son petit monstre vert à qui elle ne voulait aucun mal, je me méfie un peu et ne propose pas d'emblée à Mia de se débarrasser de Gaga !

« C'est une bestiole pas sympa, avec des pattes, et elle est toute noire. Mais c'est un garçon ! »

O.K., Mia n'aime pas Gaga, on va pouvoir l'achever !

« Tu veux me dessiner Gaga ? Et me montrer exactement où il est dans ta gorge ? »

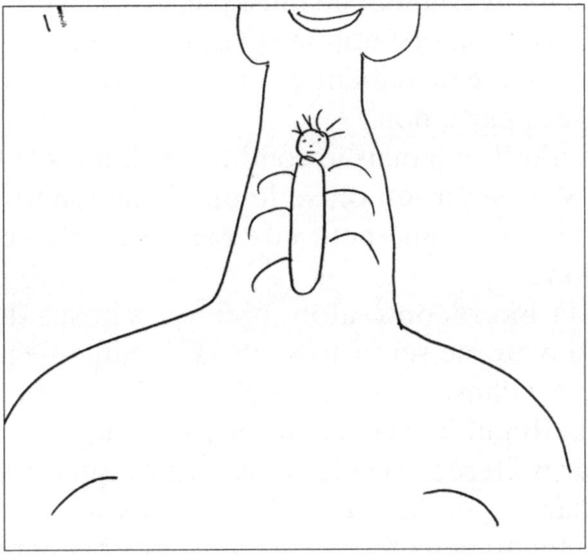

Le dessin est une très jolie façon de mettre des sensations en images. En dessinant sa bête noire coincée dans sa gorge, Mia sait vraiment à quoi elle a affaire : elle la « voit ». Elle peut donc bien plus facilement élaborer une stratégie pour s'en débarrasser. En effet, comment combattre un ennemi invisible ?

Les méchants que l'on voit sont bien moins effrayants que ceux que l'on imagine !

Mia réifie très simplement et avec une rapidité presque déconcertante son bégaiement. Elle a déjà fait la moitié du travail toute seule.

« Ah oui, en effet, ça doit te gêner beaucoup pour parler… Il est sur tes cordes vocales ? Tu sais ce que c'est, les cordes vocales ?

— Ben oui, c'est des muscles qui te font parler, comme un instrument de musique. C'est ça qui fait le son ! C'est mon orthophoniste qui me l'a expliqué.

— C'est exactement ça ! Ça va être bien quand Gaga sera parti, non ? »

Je n'utilise jamais le conditionnel, mais le futur : Gaga VA partir, qu'on se le dise ! Le conditionnel laisse une place au « peut-être pas », et il n'en est pas question !

Mia me raconte alors plein de choses dont je vais pouvoir me servir très vite. Elle aime beaucoup chanter et danser, elle adore aller dans le pays de son papa, la République tchèque, elle aime nager aussi. Sa couleur préférée, c'est le rouge ! Et ce qui est le plus beau dans le monde, ce sont les étoiles…

« Mia, tu veux fermer les yeux pour écouter une histoire ? »

Mia ne répond même pas : elle se cale dans le fauteuil et ferme les yeux. Elle se laisse aller à la rêverie et ne bouge pas d'un millimètre pendant que je lui raconte…

« Il était une fois, en République tchèque, une grosse bête noire à six pattes qui s'appelait Gaga.

Elle était très méchante ! Enfin “elle”, pas vraiment… c’était un garçon. Mia, une très jolie jeune fille de huit ans, passait tranquillement ses vacances avec son papa dans ce magnifique pays. C’était une belle journée d’été, et Mia et son papa ont décidé d’aller faire un pique-nique au bord d’un lac. Mia est tout de suite allée nager ! Il fait chaud, et l’eau fraîche fait du bien ! Ça sent bon la nature, les fleurs… On entend juste le bourdonnement des abeilles, et Mia s’amuse à faire la planche, elle sent la douceur et la fraîcheur de l’eau, mais aussi la chaleur du soleil sur son visage… (J’utilise le présent : Mia EST en train de faire la planche, elle vit, ici et maintenant, un moment agréable. Ce n’est plus un souvenir, elle EST.)

Mia sort de l’eau quand son père l’appelle : “Tu viens Mia ? On va déjeuner !”

Le pique-nique est délicieux. Des sandwichs moelleux, au jambon et au fromage. Des tomates bien rouges. Et du saucisson aussi ! Et puis Mia boit un grand verre d’eau fraîche… Gaga est tombé dedans, Mia ne l’a pas vu ! Elle l’avale, sans même s’en rendre compte… Alors Gaga commence sa descente dans la gorge de Mia, et s’accroche à ses cordes vocales pour ne pas tomber dans son ventre. Et depuis ce jour, il joue avec les cordes vocales de Mia comme s’il était sur une balançoire. Alors, Mia se met à bégayer. Mia n’est pas contente du tout. Elle part donc dans un endroit magique, que seuls les enfants connaissent. Chut, c’est un secret, il ne faut le dire à personne… C’est un jardin tout rouge, un peu bizarre, mais très joli. Dans ce jardin, il suffit de lever les yeux pour admirer des milliers d'étoiles dans le ciel. Et de tendre l'oreille pour écouter une musique magique... Mia fait un grand silence pour entendre les notes féériques, qui ont le pouvoir d'endormir Gaga. Il y a comme une petite voix qui dit : "Gaga, tu fermes tes yeux, et tu t'endors..." Alors Mia souffle, souffle, souffle de toutes ses forces vers une étoile rouge, et Gaga s'envole... On le voit dans le ciel, monter vers l'étoile, et disparaître pour toujours... Mia est vite retournée terminer son pique-nique avec son papa. Elle n'a plus jamais bégayé ! Et depuis, elle fait toujours très attention quand elle boit un verre d'eau ! »

Quand Mia ouvre les yeux, elle attrape une feuille de papier et dessine Gaga qui sort de son corps (voir page ci-contre).

Mia est revenue me voir à deux reprises : elle avait encore besoin de s'apaiser, et d'apprendre à souffler très fort pour faire partir Gaga. Mais sa parole devenait, au fil du temps, de plus en plus fluide. Mia a surtout compris que la solution était à l'intérieur d'elle-même, à la place de Gaga.

Un grand merci à Mia pour m'avoir permis de reproduire ici ses magnifiques dessins.

La chasse à courre de Jules

LE BÉGAIEMENT D'UN JEUNE GARÇON

Jules a bientôt dix-sept ans. Il a atteint l'âge de la puberté, auquel le bégaiement disparaît la plupart du temps, et pourtant… «Je bégaie depuis que je suis tout petit!» Alors parfois, ça passe un peu, mais tout de même. Le bégaiement de Jules est ce que l'on appelle «clonique»: ce sont les premières syllabes qui sont répétées à de nombreuses reprises avant que le mot puisse «sortir». Jules est embêté, mais ce défaut de parole ne l'empêche pas de parler en public, d'intervenir en classe, d'avoir des amis. Quand on se moque de lui, il se défend farouchement, il insulte, il râle! Et les moqueurs s'arrêtent. Il a beaucoup travaillé avec un orthophoniste sur sa respiration, et cela l'aide un peu.

Jules, sa passion, c'est la chasse! Il va bientôt pouvoir passer son permis de chasse, et il en est tout excité. Ce qu'il aime, c'est la traque: partir en forêt, suivre le parcours d'un animal, marcher en silence, et regarder les chasseurs tuer leur proie. Il me montre fièrement une photo de lui devant le cadavre d'un cerf… Dans ma tête, c'est un peu confus: ils ont tué le papa de Bambi ! Mais il me faut accepter, quelles que soient mes convictions, les souvenirs des patients...

Je propose souvent aux patients d'accompagner nos séances par des musiques ou des sons qui leur font du bien. La plupart du temps, il s'agit du bruit des vagues, du chant des cigales, du son velouté des pas dans la neige... Là, il va falloir que je m'adapte : Jules aime par-dessus tout le cor de chasse, les fanfares de vénerie. Un peu strident comme musique apaisante, non ? Non. Jules ne souhaite pas s'apaiser : il veut agir !

Je lui propose alors de changer de proie : aujourd'hui, il ne s'agit pas de chasser un sanglier ou un chevreuil, mais le bégaiement !

Il faut donc tout d'abord le traquer. Les yeux fermés, Jules va tout de suite le reconnaître.

« Comment est ton bégaiement ? C'est quelle sorte de proie ?

– C'est un triangle violet, chaud, dans une matière dure et solide.

– Et où es-tu pour le chasser ?

– Dans la forêt de Pontarmé, dans l'Oise. C'est une grande forêt, avec des chemins, des arbres, des feuilles par terre. »

Jules me raconte alors la chasse pendant laquelle le papa de Bambi a été exécuté (quelle horreur...), et nous allons changer de cible...

« C'est une journée d'automne ensoleillée, mais fraîche. Tu es habillé avec ta tenue de chasseur, en kaki, c'est ça ? (Jules hoche la tête.) Le ciel est très bleu, d'un bleu pâle parce que c'est encore le matin.

Il y a du bruit autour de toi : les rires des chasseurs, les voix, les pas, et bien sûr les cors de chasse... (J'accompagne alors mes paroles d'une musique trouvée spécialement pour lui.) Puis vous vous séparez, et vous partez chacun de votre côté, parfois en petit groupe. Toi, tu as choisi d'être seul pour ta traque. Tu marches précautionneusement, sans faire de bruit, mais tes bottes froissent doucement le tapis de feuilles mortes sur le sol. Tu portes ton fusil à l'épaule, il te rassure. Tu sens simplement son contact le long de ton corps. Les rayons doux du soleil donnent au paysage un éclairage particulier. Ils transpercent facilement le rideau des arbres, dénudés de leurs feuilles. Les couleurs sont chaudes, du rouge, du brun, de l'orange... Tu avances, à l'affût du moindre mouvement autour de toi. Les autres chasseurs sont loin, à présent. Il n'y a que toi, la nature, et ce triangle violet et dur que tu cherches avidement, mais tranquillement. Et puis, un mouvement derrière un arbre... Il te semble qu'il se rapproche. On dirait presque qu'il te nargue. La forêt clairsemée est ton alliée : le bégaiement a peu de cachettes pour t'échapper ! Subitement, il est là, devant toi ! Il te fait face, ce triangle violet, dur et chaud. Il est à découvert. Tu épaules alors lentement ton fusil et tu vises. La crosse de ton arme est bien calée, tu fermes un œil. Et tu tires ! Du premier coup, tu atteins ta cible ! Comme un palais d'argile, le triangle explose et est réduit en morceaux sous l'impact de ta cartouche. Le bruit de la détonation est puissant, le recul de l'arme donne comme un coup à ton épaule. Tu t'approches alors des miettes violettes réparties dans l'herbe, à quelques dizaines de mètres de là. Tu as atteint ta proie, tu peux rentrer fièrement. »

Jules est fier quand il ouvre les yeux. Il me dit avoir ressenti le recul du fusil sur son épaule. Il bégaie encore quand il me raconte ses impressions, mais il a une idée : à chaque fois qu'il sentira que les syllabes se répètent, il fera juste ce léger mouvement d'épaule vers l'arrière en respirant profondément. Je pensais qu'il chercherait à voir le triangle violet, mais il a choisi autre chose : un geste discret qui lui rappellerait qui est le chasseur et qui est la proie.

Jules a toujours son bégaiement, mais, avec le temps, il est de moins en moins prononcé. Il fait ce léger mouvement d'épaule en début de phrase, et les mots coulent bien plus facilement. Les scientifiques ont raison : l'hypnose n'est pas très efficace en soi pour traiter un bégaiement. Comme toujours, c'est le patient qui l'est. Chacun trouve en soi-même le petit « truc » utile, efficace, pour se donner confiance et pour lutter.

Le jardin des mots de François

L'APHASIE

François est aphasique. Et l'aphasie, j'ai travaillé contre elle pendant vingt ans ! Alors, je me sens en confiance. J'ai proposé l'hypnose à plusieurs de mes patients hospitalisés, et eux comme moi y avons trouvé un immense plaisir. Moi parce que cela me permettait de proposer une nouvelle approche, et eux parce qu'ils se sentaient apaisés et avec davantage d'allant pour leur rééducation.

L'aphasie est l'une des conséquences de l'accident vasculaire cérébral, que je traitais quand j'étais orthophoniste à l'hôpital. Il s'agit d'une perte du langage, dans son expression ou dans sa compréhension. Brutalement, les personnes victimes d'un AVC peuvent se retrouver dans l'incapacité de parler ou bien ne comprennent plus les mots que prononcent les autres. C'est un peu comme si, brutalement, vous vous retrouviez dans un pays étranger dont vous ne parleriez absolument pas la langue. Curieusement, vous êtes entouré des vôtres, vous savez que vous êtes dans votre univers, mais tout a changé. Un accident vasculaire cérébral est très brutal. Tout allait bien jusqu'à ce que tout aille mal. Une partie du corps ne peut plus bouger et les mots ne sortent plus ou alors « de travers ». Les conséquences sont souvent dramatiques. Connaissez-vous un métier que l'on peut exercer sans parler ? Sans bien comprendre ce que l'on vous dit ? Sans écrire ni lire ? Et pourtant, toutes vos autres fonctions cognitives fonctionnent : vous n'avez pas perdu la mémoire ni vos facultés intellectuelles. Vous reconnaissez les gens autour de vous, ce sont leurs mots qui vous sont étrangers. Il y a différents types d'aphasiques, en fonction du lieu de la lésion dans le cerveau. Certains patients ne parlent plus, mais comprennent tout. Ils ont une conscience forte de ce qui leur arrive et sont donc profondément déprimés. D'autres patients « jargonnent » : les mots, les phrases, sortent, mais le discours est incompréhensible, fait de mots incohérents ou qui n'existent pas. Le patient, en revanche, ne comprend pas le langage des autres, et n'est pas conscient de ses difficultés. Il n'est donc pas déprimé, il est même parfois plutôt jovial ! Mais la communication est impossible. L'évolution de l'aphasie est très variable : certains patients récupèrent presque totalement leur langage, d'autres resteront toujours bloqués dans leurs mots.

Je me suis imaginé, dans mes pires cauchemars, que j'étais privée de mes mots. Le comble pour une orthophoniste serait, à mon sens, de ne plus pouvoir parler !

Et puis, j'ai rencontré François. Et François était orthophoniste. Et François est aphasique.

Il est jeune, dynamique et souriant, comme sa femme, qui l'accompagne. Il sait que, cinq ans après son accident vasculaire cérébral, la récupération de son langage ne va plus beaucoup évoluer. Il parle, mais les mots ne sont pas toujours les bons. Les tournures de phrase sont parfois curieuses, aléatoires. Il parle lentement, cherche, ne trouve pas, recommence... Il a rencontré des orthophonistes qui l'ont beaucoup aidé dans les premières années, mais il vient ici chercher autre chose : « Je viens chercher la fluidité des mots. » Pour être honnête, sa phrase était plutôt : « Je veux... parce que... pas fluides les verbes... besoin de mots... ensemble. » Je parle l'aphasique couramment, ça aide !

François me renvoie à une de mes grandes peurs : ne plus avoir de mots. Et pourtant, en communiquant avec lui, je découvre qu'il est possible d'entrer dans une interaction réelle avec quelqu'un malgré un langage défaillant. Enfin, je ne devrais pas le découvrir, parce que j'encourageais tous mes patients aphasiques à le faire : utilisez toute la communication non verbale, elle est bien plus forte, bien plus importante que les mots eux-mêmes ! Les mots ne représenteraient que 7 % de la communication. Le ton de la voix, les mimiques, les gestes nous permettent de nous faire comprendre. « On se comprend sans se parler », c'est pourtant clair ! Oui, mais pas une orthophoniste ! Une orthophoniste vit des mots, a besoin de mots ! J'ai beau croire en la communication non verbale, j'aime les mots et je ne m'imagine pas vivre sans ma voix.

François était orthophoniste et François est aphasique. Mais je communique avec lui, il me sourit, il semble heureux de vivre. Sa femme le regarde avec un amour fou dans les yeux, et, en effet, il n'y a pas besoin de mots pour comprendre. Il n'aime plus parler, lui qui avait fait du langage son métier.

François aime la nature et les grands voyages. Il ne va jamais deux fois au même endroit. Il veut découvrir et être surpris par tout ce qui l'entoure. Alors je lui propose de l'emmener visiter le pays des mots, le pays de ses mots.

« Votre esprit part se promener au pays des mots… Devant vous, un paysage magnifique, paisible. Vous allez pouvoir vous y promener, l'explorer et y puiser tout ce dont vous avez besoin. Dans ce lieu éclatant, chaque mot a sa couleur, sa forme, son parfum, son goût… Promenons-nous dans les mots… Cueillons-les…

Le mot "fraise", par exemple, puisque vous les aimez tant… Le F, le R, le A… I… S… E… Rouge et sucré… La sensation d'une lèvre qui frotte sur les dents pour le FFFF… Celle de la langue qui vient râper le palais pour le R… Et la bouche qui s'ouvre grand, comme pour avaler les fraises, pour le AI… Puis la pointe de la langue qui vibre sur le palais pour le Z… La fraise est là, devant vous, le mot fraise est ici, avec ses sons, ses nuances, son parfum, son arôme, son goût… Vous vous promenez à travers le jardin et vous remplissez votre tête de ces mots, de ces couleurs, de ces formes, de ces goûts… Les odeurs et les sensations dans votre bouche quand vous les prononcez. Comme si vous faisiez votre marché aux mots, votre marché aux sensations… Alors les mots entrent dans votre tête.

Certains mots ont des pouvoirs fabuleux… Il y a le mot "réparation" qui vient dans votre cerveau, à gauche, tout devant. Il a appelé le mot "gomme" avec lui. Le mot "gomme" a un travail très important à faire. Il est blanc, il est rectangulaire. Il y a la sensation de l'arrière de votre langue qui cogne contre votre palais pour le G… Celle de votre bouche qui s'arrondit en faisant le O, comme dans "gomme", et puis vos deux lèvres qui se touchent et se séparent pour le M. Le mot "gomme" arrive dans votre cerveau et fait son travail… Il efface ce qui doit être effacé. Il efface le mot écrit en noir, "aphasie" : il efface le A, le P, le H, le A à nouveau, le S, le I, le E. Et puis il y a le souffle qui vient retirer tous les petits morceaux de gomme, les restes de ce mot en noir. C'est alors que le mot "réparation" peut faire son travail, et venir réparer cette partie de votre cerveau, comme un électricien qui vient rebrancher ce qui doit l'être, qui vient ajouter du débit, de la puissance, de la fluidité.

C'est alors que le mot "soins" vient apporter de la douceur, du bien-être. Et puis le mot "fluidité", qui est comme un ruisseau, clair et transparent, simplement bleui par le reflet du ciel, un ruisseau qui coule en toute simplicité, en toute tranquillité… La fluidité s'installe dans votre cerveau, pour que les mots puissent s'amuser comme on s'amuse dans le ruisseau à se laisser glisser comme sur un toboggan. Regardez ! Tous les mots arrivent les uns après les autres ! Les noms, les verbes, les compléments, les conjonctions, les pronoms, la conjugaison et la grammaire, qui est une chanson douce, que vous fredonnez... Les mots sont là, tous là, peut-être certains sont-ils encore un peu timides. Le mot "timidité" est un arbre derrière lequel on se cache. Les mots timides peuvent à présent sortir de leur cachette et aller jouer dans le ruisseau. Regardez-les dans ce paysage réparé, restauré, ils jouent comme des enfants, ils rient ! Le mot "rire" est une petite cloche qui tinte joyeusement !

Un peu plus loin, il y a le mot "valise", qui emporte avec lui tous les jolis mots du voyage. Vous avez dans la bouche toutes ces sensations... Les dents qui frottent une lèvre, la langue qui vibre ou qui cogne le palais... Et le ruisseau, la fluidité, la simplicité, la réparation. Vous pouvez continuer jour après jour à remplir votre paysage de mots, votre cerveau de mots, à regarder leurs couleurs, leurs formes, et à les laisser sortir de derrière l'arbre pour qu'ils se jettent dans le ruisseau et rient joyeusement dans le toboggan magique... Les imaginer, les ressentir, les reconnaître... »

François a continué ses voyages au pays des mots, et il en a exploré les recoins pour dénicher ceux qui se cachaient trop bien comme une chasse aux œufs de Pâques géante. Il est toujours aphasique, mais il a retrouvé quelque chose qu'il avait perdu depuis longtemps : le plaisir de parler.

CHAPITRE 10

Quand tout n’est pas aussi simple

« Vous me gonflez, là ! »

LA CLAUSTROPHOBIE

En dehors des patients qui viennent me voir au centre, certains chercheurs me sollicitent pour les aider dans leurs protocoles. La plupart du temps, il s'agit d'accompagner les patients, volontaires pour faire partie du projet, dans des situations potentiellement désagréables, comme une prise de sang pour certains ou une IRM pour d'autres.

J'ai donc été contactée par un grand centre de recherche afin d'accompagner un patient qui faisait partie d'un protocole pour lequel l'IRM durait… deux heures. Le patient, bien que très motivé, était extrêmement claustrophobe. Le sujet de la recherche est une maladie rare, chaque volontaire est donc une bénédiction dont on ne peut se passer. Nicolas est heureux de participer à cette aventure. De très célèbres chercheurs se sont penchés sur sa maladie, ont longuement travaillé, il veut contribuer à ce qui ressortira de tout cela. Le sujet est tellement passionnant qu'une équipe d'une télévision anglaise (Discovery Channel) est présente pour faire un reportage.

Nicolas vient de loin, je n'ai donc pas pu le rencontrer une première fois, comme j'aime le faire dans ce genre de situation. Je sais qu'il a une quarantaine d'années, je connais sa maladie… et c'est tout. Quand je le rencontre, il y a dans la salle plusieurs chercheurs, un journaliste, un caméraman… la parfaite intimité.

La discussion avec Nicolas s'engage tranquillement, comme si nous étions seuls. Il me raconte qu'il aime chanter des airs d'opéra (il se lève alors et entonne un air que je ne reconnais pas, sous les yeux quelque peu étonnés des Anglais). Il est claustrophobe au plus haut point, le moindre endroit clos le panique. Il a surtout besoin de sentir qu'il peut bouger et s'en aller s'il le souhaite. Avoir quelque chose sur le visage, ne serait-ce qu'un drap, relève du cauchemar absolu. Cela tombe très bien, il s'agit d'une IRM cérébrale, avec une sorte de masque en plastique qui couvre le visage !

Je sens la pression dans le comportement quelque peu fébrile des chercheurs : on ne peut pas se rater, il y a trop peu de patients, il faut que Nicolas tienne deux heures.

Je sens la pression dans le comportement de Nicolas : on ne peut pas se rater, c'est un challenge personnel trop important, il doit y arriver, l'échec est inenvisageable.

Je sens la pression dans les regards des journalistes : on ne peut pas se rater, sinon le reportage n'a aucun sens et ils auront fait tout ce chemin pour rien.

Mais jusque-là, tout va bien. Je suis habituée aux patients claustrophobes : le principe est, en s'adaptant au mode sensoriel du patient, de l'emmener à distance d'un moment inconfortable ou désagréable. Il faut donc commencer par déterminer ses sens préférentiels.

Nous avons tous un ou deux sens préférentiels, et il est assez simple de trouver ceux de nos proches. Écoutez les expressions utilisées dans le langage courant : il y a les expressions visuelles (« je vois tout en noir, je ne vois pas le bout du tunnel, je ne vois pas ce que tu veux dire... »), les expressions auditives (« j'entends bien vos arguments, je n'entends rien à la politique, c'est beaucoup de bruit pour rien... »), mais il y a également les expressions kinesthésiques (« j'en ai plein le dos, ça me casse les pieds, ça me prend la tête... »), olfactives (« je ne le sens pas trop, ça ne sent pas bon cette histoire... »), gustatives (« il a gardé un goût amer de cette expérience... »). Par ailleurs, les experts en programmation neurolinguistique (PNL) pensent que le sens préférentiel peut se détecter en prêtant attention au regard de notre interlocuteur : si celui-ci regarde vers le haut quand il nous raconte un souvenir ou nous décrit un lieu, c'est le visuel qui domine. Si son regard se tourne vers le côté, ce sera le sens de l'audition. Mais si la personne regarde vers le bas, le souvenir est préférentiellement tactile.

Pour emmener Nicolas à distance des sensations de l'IRM, je lui demande quel est l'endroit dans lequel il se sent parfaitement bien et en sécurité. Un lieu qui pourrait être son « lieu d'or », dans lequel je pourrais l'accompagner grâce à l'hypnose, pour qu'il se détache du tunnel de l'IRM. Je lui demande de me le décrire avec le plus de détails possible, car l'IRM sera longue. En entendant sa réponse, je me demande comment je vais pouvoir l'accompagner pendant deux heures: « Sur mon canapé, avec une bière, en regardant un match de foot. »

J'essaie d'obtenir plus de précisions, comme une couleur, une odeur, une équipe de foot, un match particulier... mais Nicolas parle peu. Il n'est pas facile de déterminer son sens préférentiel sur ces quelques mots, et je ne suis pas certaine de pouvoir tenir deux heures en parlant du goût de la bière... Par ailleurs, je ne m'y connais pas bien en foot, mais je peux faire semblant. Bon, il va falloir s'adapter. Je propose donc à Nicolas un moment calme et apaisant avant de descendre dans la salle d'IRM, afin qu'il soit tout à fait détendu pour commencer l'examen.

Nous nous installons face à face, sous les yeux des chercheurs, du journaliste et du caméraman, attentifs.

Je sens tout de même que le temps sur le canapé avec la bière et le match risque d'être long, mais nous y allons! Après à peine trois minutes de canapé confortablement familier, de goût amer et frais de la bière et de l'adrénaline d'un match très disputé, Nicolas pousse un long soupir, ouvre les yeux et me dit: « Non, mais ça me gonfle, là, ce que vous me racontez... »

Très très bien... (Toujours ratifier, c'est-à-dire approuver les ressentis des patients, les reconnaître comme étant essentiels et justes.) L'ensemble du

« public » hésite entre le rire et la gêne. De mon côté, je cherche le trou de souris dans lequel je pourrais plonger. J'entends juste le journaliste glisser discrètement au caméraman « Heu, tu coupes, là... » Oui, merci, coupez !

L'acceptation du souvenir agréable du patient ou de son lieu de sécurité est essentielle. Nous devons nous y adapter, même si parfois nous ne nous y sentons pas à notre aise. Mais il faut que le patient, lui aussi, s'y sente bien, et là ça ne semble pas être le cas. Je propose donc à Nicolas de se rediriger vers un autre univers, qui ne le « gonflera pas ». Une promenade dans les bois lui vient à l'esprit. Il est en forêt, avec son chien, près de chez lui, et ils marchent longuement tous les deux. Il joue à envoyer un bâton au chien qui le lui rapporte, ils courent... Ça sent bon la forêt, la nature, le végétal. C'est une belle journée d'automne, fraîche, mais sans un seul nuage dans le ciel. Nicolas est cette fois beaucoup plus prolixe. Ses cinq sens parlent en même temps, mais il me semble que la vision et l'olfaction sont les plus prégnantes. Il ferme les yeux comme pour mieux me raconter. Puis il les ouvre d'un coup et me dit : « C'est bon, on peut y aller, je suis prêt ! »

En route donc, pour une IRM de deux heures. Nous descendons jusqu'au sous-sol en continuant à parler de cette forêt et de cette promenade. Je note intérieurement les moindres détails pour les lui restituer fidèlement. Il s'agit de SON souvenir, il doit y retourner avec SES mots. Les feuilles sont rousses, pas orange. Il sent la brise, pas le vent. Changer les mots modifie le lieu et les ressentis. Il est capital d'utiliser les mots et les métaphores du patient.

Quand Nicolas s'installe sur la table qui va progressivement glisser dans le tunnel de l'IRM, il semble paisible et serein. Le neuroradiologue, Raphaël, a l'habitude des protocoles de recherche et lui parle très doucement ; la pose du masque en plastique au-dessus de son visage se fait tranquillement. Nicolas a un casque sur ses oreilles, pour masquer les bruits très puissants de l'IRM, mais aussi pour entendre ma voix. Il glisse doucement dans le tunnel et je m'installe avec Raphaël dans la cabine derrière une vitre. Raphaël saura me dire à quel moment je peux parler et à quel moment le bruit de l'aimant masquera ma voix. Tout se déroule calmement, la promenade en forêt est agréable, l'odeur végétale est douce, typique de ce lieu et de ce moment, les feuilles sont rousses, il les entend craquer sous ses pieds quand il marche. Son chien joue autour de lui, jappe gentiment, lui rapporte des bâtons lancés au loin. Quand le bruit de l'aimant géant va devenir trop fort, je préviens Nicolas et lui propose de l'intégrer, de le considérer comme un moment dont il pourra se servir pour apprécier d'autant plus le silence de la campagne quand celui-ci reviendra. Les minutes passent, nous sommes tous très impressionnés par le calme de Nicolas. Il a dans la main un bouton qu'il peut activer à tout moment s'il le souhaite, et qui stoppera le processus. Il ne s'en sert pas, il n'en a pas besoin dans la forêt.

Mais dix minutes avant la fin, c'est la panique. Raphaël et moi le voyons à travers la vitre commencer à s'agiter. Il crie : « Faites-moi sortir, j'en peux plus ! » Raphaël me dit que si nous arrêtons maintenant, les deux heures n'auront servi à rien. Il faut que la séquence soit entière pour être utilisable. À ce moment-là, je pourrais tenter de raisonner Nicolas, je sais à quel point sa participation à ce protocole lui tient à cœur, mais cela me semble déplacé et inutile : il ne se sent pas bien, il a besoin d'air. J'ai beau savoir qu'il se sentira encore plus mal à l'idée de ne pas être allé jusqu'au bout, je ne me résous pas à l'inciter à tenir bon. Là, il faut juste que je le rassure et que je lui donne l'air dont il a besoin.

« Très bien, vous avez tout à fait raison, il est temps de rentrer. Faites demi-tour, et regardez le chemin droit devant vous : vous voyez, votre maison se situe juste au bout, à dix minutes de marche à peine ! Il vous suffit de rappeler votre chien, et de commencer tranquillement votre marche. Petit à petit, vous pourrez sans doute sentir la bonne odeur du repas qui mijote en vous attendant. Vous pouvez même penser à ce que vous ferez en rentrant chez vous. Peut-être qu'il y aura un bon match de foot ce soir, à la télé, et que vous pourrez le regarder bien installé sur votre canapé, avec une bière fraîche ? »

Nous attendons quelques secondes avant d'entendre Nicolas dire, tranquillement : « O. K., c'est bon, je rentre. »

La vieille femme, sa canne et son mari

L'ANXIÉTÉ DE LA CHUTE

J'ai pu noter, au cours des années et de mes rencontres avec les patients, que les personnes âgées étaient souvent assez réfractaires à l'idée de l'hypnose. Celles qui viennent me consulter ne le font que très rarement d'elles-mêmes : c'est leur médecin qui le leur conseille, ou bien leurs enfants. Soucieuses de bien faire, elles prennent le rendez-vous, viennent à la première séance en disant : « Je n'y crois pas du tout, vous savez, mais mon médecin m'a dit de venir, et puis il faut tout essayer, n'est-ce pas ? »

Je leur demande alors en quoi elles ne croient pas, et là encore, la réponse est stéréotypée : « À votre truc, là, la magie ou je ne sais pas quoi ! Je tremble (ou bien je tombe, je ne dors pas, je suis angoissé), et je ne vois pas comment vous pouvez arrêter ça ! »

« Vous avez tout à fait raison, ce genre de magie n'existe pas et je n'ai aucun pouvoir. Vous, en revanche, en avez probablement davantage que

ce que vous imaginez, et je vais simplement vous montrer comment faire pour vous en servir, afin de trouver un peu plus de confort dans votre vie. »

Et là, déception : « Ah bon ? Ce n'est que ça ? »

Les patients n'y croient pas, mais ils espèrent sans doute. Il y a donc une double difficulté : leur faire admettre que la magie est en eux et que c'est la seule qui existe. Souvent, l'entourage attend également une sorte de miracle : « On sait bien que ce n'est pas comme à la télé, avec le type qui fait faire des trucs bizarres aux animateurs. Mais quand même, ce serait bien ! »

La première séance est la plupart du temps consacrée à la découverte de l'état hypnotique, ou plutôt à sa redécouverte, puisque c'est un état très naturel. Mais les personnes âgées, en plus de leur scepticisme, ont souvent une sorte de méfiance envers le « lâcher-prise », et racontent d'ailleurs très bien qu'elles sont toujours « sous contrôle », qu'elles ne savent pas se « laisser aller ».

Le fameux lâcher-prise ! Certains patients affichent comme une fierté le fait d'en être incapables : « Je contrôle tout, je ne laisse rien au hasard ! » À ceux-là, je propose simplement l'idée que, quand on tient une prise qui n'est manifestement pas la bonne pour nous, il est nécessaire de la lâcher, pour en attraper une autre. Et ils sont souvent d'accord !

Les personnes âgées, elles, expriment davantage une incapacité qui leur vient de leur éducation : « À mon époque, on n'avait pas le droit de se laisser aller, de s'écouter, d'exprimer ses sentiments. On faisait comme c'était, un point c'est tout. On ne s'encombrait pas de tous ces trucs de psy de maintenant ! »

Certaines parmi elles sont convaincues du bien-être et de l'efficacité qu'elles vont pouvoir trouver en elles-mêmes à travers l'hypnose, et reviennent très régulièrement. D'autres, en revanche, annulent la deuxième séance : « Je n'arrive pas à refaire les exercices », ou bien : « Ça n'a pas marché votre truc ! » (sous-entendu : « Vous n'avez donc pas de pouvoir magique, c'est bien ce que je disais ! »).

Quand j'ai rencontré Madame V., une femme de toute évidence assez âgée, je me suis demandé à quelle catégorie de patients elle appartenait : allait-elle adhérer tout de suite à l'hypnose ou bien trouverait-elle que « c'est pas très sérieux tout ça » ?

Madame V. a en effet quatre-vingt-trois ans. Elle vient accompagnée de son mari. C'est un couple charmant, attentif l'un à l'autre, se regardant avec beaucoup de tendresse. Madame V. tient une canne dans sa main gauche et le bras de son mari dans sa main droite. Le mari est encore un bel homme, droit, mince et élégant. Madame V. est toute petite et menue et elle le regarde en levant vers lui des yeux émerveillés. Elle avance à petits pas, agrippée au bras de son époux.

Ils me racontent que, depuis quelque temps, Madame V. tombe quand elle marche. Elle a fait plusieurs chutes sans gravité, mais, maintenant, elle a peur de marcher toute seule. Ils sont allés consulter leur médecin traitant, qui, n'ayant rien trouvé d'autre qu'un léger déséquilibre lié à l'âge, les a, par prudence, adressés à un neurologue. Celui-ci a fait pratiquer tous les tests, et Madame V. est en parfaite santé. Il lui a donc conseillé l'hypnose pour qu'elle retrouve confiance en ses pas et en sa capacité à marcher seule.

Je vois déjà comment envisager nos séances, et je suis pressée de commencer. Ce genre de prise en charge ne dure jamais très longtemps, car les patients retrouvent rapidement le plaisir de la marche et de l'autonomie, et il est très satisfaisant de ramener le patient en salle d'attente, marchant seul, sous les yeux ébahis de son accompagnant. Je m'apprête donc à vivre une nouvelle fois cette agréable expérience.

Quand son mari quitte la pièce, Madame V. ne dit rien pendant quelques instants, vérifie qu'il s'est bien éloigné et qu'il ne peut plus nous entendre, puis se penche vers moi et me dit d'une voix pas trop forte, comme un secret : « Vous savez, vous êtes très gentille, mais je ne vais pas faire d'hypnose. »

À cet instant, je pense être en présence du cas typique de la patiente qui vient, poussée par son mari, mais qui n'y croit pas ou bien qui ne veut pas qu'on manipule son cerveau. Je me trompe !

« Je suis sûre que ça marche, l'hypnose. Mais je vais vous dire une bonne chose : mon Raymond, il était marin. Il était tout le temps parti. J'étais seule avec les enfants, tout le temps. Et il avait une fille dans chaque port, hein, on ne va pas se mentir ! Je le savais très bien, mais comme il revenait tout le temps, ça m'allait.

Alors oui, il a été à la retraite encore jeune, mais il a continué à voyager avec ses copains marins, sans moi. Il a continué à jouer aux cartes tous les samedis soir avec eux, sans moi. Enfin, jouer aux cartes… vous voyez ce que je veux dire ? Alors là, maintenant que je suis tombée, mon Raymond, il est toujours à côté de moi, il me tient, je l'ai pour moi toute seule pour la première fois de ma vie. Alors, croyez-moi, je ne vais rien faire du tout qui pourrait changer ça. Je l'ai, je le garde cette fois ! Mais bon, comme on a une heure à passer ensemble, on peut papoter si vous voulez. »

J'ai trouvé tellement adorable cette vieille dame amoureuse qui cherchait par tous les moyens à garder son homme auprès d'elle que je n'ai pas eu envie une seconde d'essayer de la faire changer d'avis. Nous avons simplement parlé de la confiance, en soi comme en l'autre, et de la longévité des couples.

Quand nous sommes allées retrouver son mari, qui semblait tellement attendre de cette prise en charge, je lui ai simplement dit une phrase comme : « Je pense que votre femme a plus besoin de vous que de moi pour le moment. L'hypnose n'est peut-être pas la solution pour elle… » Il semblait assez fier d'être le seul qui pouvait aider sa femme, l'a attrapée par le bras, m'a remerciée et ils sont partis bras dessus, bras dessous.

Je jurerais que Madame V. m'a fait un petit clin d'œil au passage…

« Tu dis n'importe quoi ! »

LA DIFFICULTÉ DE LAISSER PLACE À L'IMAGINATION

Célia a six ans. C'est une petite fille toute mignonne, qui attend sagement en lisant dans la salle d'attente. Elle est installée sur une chaise, bien droite, et ne bouge pas. Elle n'utilise pas l'album de coloriage et les feutres que nous proposons toujours aux enfants qui attendent un thérapeute. Elle lit son livre sans dire un mot. Sa maman fait de même. Quand je viens la chercher, elle me salue d'un très poli : « Bonjour madame » en me tendant la main, et attend que je lui montre le chemin. Nous allons toutes les trois, avec sa maman, nous installer dans le bureau. Il y a deux fauteuils très confortables qui se font face, et les enfants se précipitent toujours vers l'un d'entre eux en sautant dessus, si possible ! Pas Célia. Célia attend que je lui indique l'endroit où elle doit s'asseoir. Quand nous sommes installées, je lui demande si elle préfère que ce soit elle ou bien sa maman qui me raconte ce qui l'amène, mais elle n'a pas de préférence. Sa maman m'explique alors que Célia a, depuis toute petite, une sorte de boule située entre la mâchoire et le maxillaire, à l'intérieur de la bouche, et que cela l'empêche d'ouvrir grand la bouche et de manger normalement. Les médecins ont bien détecté la présence de cette boule, mais pensent que la retirer serait une opération trop invasive et que la boule ne devrait théoriquement pas gêner Célia à ce point-là. Ils ont donc parlé à Célia et à ses parents d'une thérapie par l'hypnose, afin de l'aider à se détendre et à intégrer cette boule dans sa vie quotidienne.

Quand je demande à Célia ce qu'elle pense de tout cela, elle me répond en ouvrant à peine la bouche. Je comprends tout à fait ce qu'elle me dit, et elle articule à la perfection, mais on sent comme un blocage qui empêcherait une grande ouverture. Même le bâillement est de toute petite amplitude. L'alimentation de Célia est adaptée à ce problème, et elle se nourrit de toutes petites cuillères de nourriture molle ou mixée.

Je pense alors que le meilleur moyen de se débarrasser de cette gêne, à défaut de se débarrasser de la boule, est de procéder par la réification : à quoi ressemble cette gêne ? Est-il possible de la modifier ? Comment faudrait-il faire pour la transformer ?

Célia a l'âge idéal, six ans : c'est l'âge où les enfants comprennent parfaitement l'abstraction de la réification, tout en acceptant de jouer le jeu de l'imaginaire. À six ans, on sait que les princesses ne portent plus de grandes robes qui brillent en pleine journée, on sait que les super-héros n'existent que dans les films, mais on a envie d'y croire encore un peu ou, en tout cas, de faire semblant ! Tout cela a encore un sens fort. Je demande donc à Célia de me raconter à quoi ressemble cette gêne, pour elle. Elle me répond par la conclusion du compte rendu du médecin qui l'a examinée :

« Il s'agit d'une extension cartilagineuse qui se situe à la jonction entre ma mâchoire et ma mandibule. Elle fait environ 0,8 cm. »

Ah…

« Oui, tu as tout à fait raison, et c'est exactement comme cela que les médecins la voient. Mais si tu fermes les yeux et que tu l'imagines… Est-ce que cette boule pourrait avoir une couleur, par exemple ?

— Je ne sais pas de quelle couleur est le cartilage, mais peut-être que c'est blanc.

— Et toi, tu l'imagines comment ? Tu l'imagines blanche ?

— Je ne sais pas, elle n'a pas de couleur.

— Ronde ? Carrée ? En forme de smiley ?

— C'est une boule.

— Pour toi, elle est gentille ou méchante ?

— Elle n'est ni l'une ni l'autre, elle est là.

— Tu penses qu'elle est très dure ou bien qu'on pourrait lui changer sa forme, comme de la pâte à modeler ?

— Non, c'est du cartilage, ça ne peut pas changer de forme. »

Devant ma mine interdite, la maman m'explique :

« Nous avons toujours dit toute la vérité à Célia. Elle est au courant de tout. »

J'explique alors à Célia et à sa maman que nous allons faire un chemin très différent de celui qu'elles ont fait jusque-là avec leurs médecins. Nous allons considérer cette boule seulement comme la gêne qu'elle représente, et nous allons apprendre à modifier cette sensation, à la diminuer. Je leur explique que c'est l'imaginaire de Célia qui va lui permettre cela : imaginer, c'est faire !

Henry Szechtman, en 1998, a proposé une expérience à huit sujets mélomanes : il leur a tout d'abord fait écouter un morceau de musique, et a regardé, grâce à un examen appelé le TEP (tomographie par émission de positons), quelles étaient les régions cérébrales activées pendant cette écoute. L'activation de la zone concernée, située dans la profondeur du cerveau, se réduisait quand on demandait aux témoins d'imaginer ce morceau. Elle s'éteignait lorsqu'on leur demandait simplement de s'en souvenir. En revanche, en plaçant les sujets en état d'hypnose et en leur suggérant ensuite qu'ils entendaient cette musique, on observait la même activité cérébrale que lorsqu'ils l'entendaient vraiment. Le cerveau humain, en imaginant agir, activerait donc les mêmes zones qu'en agissant.

C'est par ce processus que l'imaginaire de Célia peut transformer sa gêne : si elle « fait croire » à son cerveau que la boule devient toute petite, ou bien qu'elle la transforme en la malaxant, l'information de gêne que comprend actuellement le cerveau pourra se transformer.

Célia accepte et se trouve très rapidement dans un état hypnotique favorable. Elle porte un tee-shirt magnifique sur lequel trône un oiseau en paillettes argentées. Si Célia passe sa main sur l'oiseau, les paillettes argentées se retournent et deviennent bleues! Je lui suggère alors que, peut-être, son oiseau dort quand il est argenté et se réveille quand il est bleu. Je me rappelle le tee-shirt-papillon magique de Colombe, qui l'avait tellement aidée à faire monter son petit monstre vert jusqu'à sa joue, faisant disparaître son tic de haussement d'épaule.

Célia ne dit rien, mais passe la main sur son tee-shirt et l'oiseau devient bleu. Nous sommes sur la bonne voie!

«Je ne sais pas ce que tu en penses, Célia, mais je me demande si ton oiseau bleu, maintenant qu'il est réveillé, pourrait s'envoler et venir attraper la boule? Ou bien peut-être pourrait-il la picorer doucement, pour en diminuer la taille? Qu'est-ce que tu en penses?»

Célia ne dit rien pendant quelques instants. Puis elle rouvre les yeux et me regarde avec un air très embêté. Elle me parle alors comme si j'étais un jeune enfant à qui il faut expliquer clairement les choses:

«Mais tu dis n'importe quoi! Tu sais, c'est pas un vrai oiseau. En fait, c'est un tee-shirt. On a juste dessiné un oiseau dessus. Il peut pas s'envoler ou faire ce genre de trucs.»

Je la félicite alors pour toutes ses connaissances!

En discutant avec la maman, je suis un peu embêtée. Il n'est absolument pas question pour moi de critiquer la façon dont les parents choisissent d'éduquer leurs enfants, et leur dire toute la vérité sur tout est un choix comme un autre qu'il ne m'appartient pas de juger. Mais sans leur mentir, il me semble qu'on peut réussir à préserver leur faculté de rêver, d'imaginer et de croire. On peut ne pas croire au père Noël, mais se régaler de la magie de Noël, de l'esprit de Noël, par exemple. On peut être tout à fait conscient qu'il y a un monsieur à l'intérieur du costume de Mickey, mais avoir tout de même envie de se précipiter pour faire une photo avec lui !

C'est ce que j'explique à la maman de Célia, en lui disant simplement que c'est là un des principes de l'hypnose : accepter notre imaginaire, écouter nos ressources, apprendre à nous en servir. La maman de Célia semble enthousiaste et tout à fait partante pour aller dans ce sens avec sa fille, ainsi qu'avec ses autres enfants. Quant à moi, j'y crois encore très fort : si les adultes y arrivent, Célia y parviendra bien un jour…

UNE JOURNÉE D'AUTO-HYPNOSE

Le réveil sonne, c'est l'heure de commencer la journée !
Chaque jour est différent, et débute avec son humeur... bonne ou mauvaise !

Les émotions ont toutes leur couleur, et les expressions de la langue nous le rappellent souvent : « Je suis verte de rage », « Je vois la vie en rose », « Il était rouge de honte », « Tu broies du noir »... Parfois, on se sent simplement « comme une couleur », sans aucune raison particulière, sans aucun lien avec ces expressions.

Alors, chaque matin, il est bon de prendre deux minutes pour se demander : « De quelle couleur suis-je aujourd'hui ? Et de quelle couleur aimerais-je être ? » Cela permet de démarrer de la bonne teinte. Il suffit de penser à la couleur qui serait bonne pour nous, utile, et de faire venir les pensées qui nous transforment...

C'est parti pour une journée de la bonne couleur ! Certains vont travailler, d'autres restent chez eux. La maison ? Les transports, la voiture ? Il faut bien respirer, donc autant en profiter. Quand on inspire, on prend ce dont on a besoin. Quand on expire, on se débarrasse de ce qui n'est pas nécessaire.

Dans ce trait d'union entre deux parties de notre vie, ou bien simplement dans un moment de pause, il est tellement bon d'inspirer tout ce qui nous fait du bien : un peu de calme, une pensée joyeuse, de la fraîcheur, l'image d'un sourire…

Puis de souffler pour éloigner de nous un bruit trop fort, un inconfort, une pensée grise… en visualisant intérieurement ce qui s'en va de nous… pour ensuite reprendre l'air et le plaisir dont nous avons besoin.

La journée est installée, avec ses activités ou son ennui… et parfois une douleur. Un mal de tête ? Un dos qui tire ? Un nerf qui coince ? RÉIFIONS ! C'est le moment de trouver à quoi ressemble cet inconfort, ce mal. Il suffit de cinq minutes ! Et si cette migraine, par exemple, était un objet… De quelle couleur ? En quelle matière ? À quelle température ? À l'intérieur ou à l'extérieur du corps ? Alors, changeons cet objet en quelque chose d'agréable… une petite boule de coton, une crème douce et rafraîchissante, la caresse d'un bout de soie… Ou alors, retirons cet objet, effaçons-le d'un coup de gomme, transformons-le ! Les artistes le modifieront avec de la peinture, les cuisiniers ajouteront de la crème fraîche, les sportifs s'en éloigneront en courant ou bien tireront dessus de toutes leurs forces, les jardiniers l'arroseront d'une eau magique !

Parfois, c'est le stress ! Une réflexion désobligeante, une angoisse soudaine, une présentation en public… Que faire pour traverser l'émotion, prendre du plaisir ? RESPIRONS ! Et imaginons une sorte de « curseur de stress » :

Zone d'hyper-stress :
émotions et sentiments pénibles
Fatigue, irritabilité, anxiété, cœur qui bat plus vite, mains moites, culpabilité…

Zone de performance :
émotions et sentiments agréables
Plaisir, passion, enthousiasme, sentiment de plénitude et d'efficacité…

Zone d'hypo-stress :
émotions et sentiments pénibles
Fatigue, ennui, sentiment d'être inutile, dépression…

Il existe une ligne virtuelle qui nous situe dans l'une ou l'autre de ces nuances. Je dois parler en public ? Je veux être dans le gris souris ! On me fait une remarque désagréable : voilà que je grimpe dans le noir ! L'ennui et la tristesse me guettent ? Je suis dans le blanc... Inspirer profondément permet de monter la ligne, expirer longuement permet de l'abaisser... Quand on veut la monter, on inspire donc trois fois plus longtemps qu'on expire... Quand il faut la descendre, on souffle trois fois plus longtemps qu'on ne prend de l'air. Chacun son curseur ! Certains le verront en couleur, comme un arc-en-ciel, d'autres en feront une suite de chiffres... L'important est qu'il nous parle.

La journée s'achève, faisons le bilan. Que l'on soit seul ou en famille, une journée est comme un repas : c'est meilleur quand cela se termine par une note sucrée ! Alors chacun notre tour, ou bien simplement face à nous-même, on se raconte trois moments agréables du jour. Un fou rire, une satisfaction, une rencontre, une réussite... Cela n'efface pas les moments moins doux, mais nous permet de focaliser sur le positif, et, éventuellement, de le partager avec les autres. En relatant nos trois moments, on les vit à nouveau avec nos cinq sens, et notre corps en profite encore un peu.

Avant de nous endormir... Nous avons l'habitude de déposer nos vêtements et nos bijoux quelque part ? Très bien, faisons la même chose avec les pensées et les préoccupations inutiles dès que la nuit tombe. Une boîte imaginaire sur une table de nuit pour y laisser tout ce qui n'est pas nécessaire pendant le sommeil… On l'ouvrira demain ! Pour l'instant, c'est l'apaisement.

S'installer confortablement, fermer les yeux, ouvrir ses cinq sens à l'environnement dans lequel on se trouve, puis laisser les pensées aller et venir pour pouvoir partir dans un souvenir ou un lieu agréable, dans lequel on se sent en sécurité… Qu'est-ce que cela sent, dans cet endroit ? Un parfum qui me rappelle où je suis ? Le gâteau que faisait ma grand-mère… La senteur de ce chemin de campagne… Le parfum de la nuque de mes enfants…

Est-ce que j'entends le son du silence ou bien une voix, un bruit de la nature ? Le bercement des vagues ? Le souffle du vent ? Qu'est-ce que je ressens dans mon corps, sur mon corps ? La température sur ma peau… un rayon de soleil… la douceur d'une main sur la mienne… Je suis juste bien, calme et tranquille…

Faites de beaux hypno-rêves…

LOU

Quand j'ai commencé à écrire ces histoires, les mots des patients se sont spontanément mélangés aux miens, un peu comme lors d'une séance : il s'agit de leurs vies, de leurs émotions, auxquelles se marient les miennes. Lou m'a bouleversée et notre rencontre est le début de tout. J'ai essayé d'écrire cette histoire, des dizaines de fois. Le résultat n'était pas à la hauteur de ce qui s'est passé ce jour-là. Alors j'ai demandé à Lou de raconter son ressenti de ce que nous avons vécu toutes les deux. Il m'a semblé évident que cette histoire, ce serait elle qui la relaterait le mieux. Je l'ai aidée, un peu, pour qu'à nouveau son langage de fillette s'entrelace avec mes mots d'adulte.

C'est ainsi que Lou retrace son aventure hypnotique.

Je m'appelle Lou, j'ai neuf ans.

Les gens me disent que je suis plutôt jolie, mais cela n'a aucune importance. De toute façon, ils mentent. Je vis avec ma maman, je ne vois presque jamais mon papa et je ne sais pas bien pourquoi. Je préfère ça, ne pas le voir. Ça fait trois ans maintenant que je n'ai plus trop envie de marcher, de parler, de rire, de sourire. Ne me demandez pas pourquoi : je n'en sais rien. Ce n'est pas arrivé tout d'un coup, mais doucement. Ma maman s'est inquiétée pour moi, je le voyais bien. Elle souriait, mais elle se demandait sûrement pourquoi je n'étais pas comme toutes les autres petites filles. Ou alors elle le savait, et c'est moi qui me le demandais. Alors, on est allées voir des tas de médecins. Ils m'examinaient tous, me faisaient passer plein d'examens, mais ils ne comprenaient pas pourquoi je m'éteignais comme ça. J'ai bien appris à lire et à écrire, et je suis quand même plutôt bonne à l'école. Enfin, parfois je n'y vais pas, parce que je marche de moins en moins. Je me déplace, c'est tout. Je parle parfois en chuchotant, mais il n'y a pas de vrai son dans ma bouche. C'est moche quand je parle. Alors, je me tais, je ne dis rien. J'écoute les histoires que racontent les autres filles à l'école, leurs jeux, leurs danses. Moi, je n'ai jamais dansé, jamais chanté.

Un jour, on a rencontré un nouveau docteur qui a donné une drôle d'idée à maman : je pourrais faire de l'hypnose. Je ne sais même pas ce que c'est. Mais maman a eu l'air d'accord, alors on y est allées. La dame avait un nom d'oiseau, c'était rigolo. Elle m'a appris à penser à des choses agréables, et ça m'a fait du bien. Enfin, un tout petit peu.

Une fois, ma maman lui a dit que je regardais tout le temps *La Reine des neiges*. Quand on est entrées dans son bureau et que je me suis installée dans le grand fauteuil confortable, l'oiseau m'a dit de fermer les yeux et de ne rien faire du tout, juste d'écouter les bruits dehors. Et là, la musique de *La Reine des neiges* a commencé. Je me suis sentie toute légère, plus tout à fait ici, mais pas non plus vraiment ailleurs. Je ne sais pas trop pourquoi, mais j'ai eu envie de me lever, alors qu'avant je préférais toujours ne pas bouger. Là, il fallait que je sois debout. J'avais bien les yeux ouverts, mais je ne voyais pas vraiment autour de moi, juste l'oiseau qui me regardait. Elle avait un air bizarre, avec un sourire ému, enfin, je crois. Comme elle m'avait dit d'écouter les sons autour de moi, j'ai écouté les paroles de la chanson, et mon corps a eu très envie de bouger. J'écoutais aussi ce que me disait l'oiseau : « Montre-moi ce qu'il y a à l'intérieur de toi, lâche tout ce qui t'encombre, tu peux te débarrasser de tout ça maintenant, tape du pied, crie si tu veux, c'est bien ! » En fait, je dansais. Il y avait tous les mots qui entraient dans ma tête, et il fallait que je me débarrasse de plein de choses, mais je ne savais pas de quoi. Je me sentais bizarre dans mon corps, mais bizarre-bien. J'avais l'impression qu'il fallait que j'enlève des cordes et des chaînes autour de moi, alors j'ai pleuré, beaucoup pleuré, mais je dansais toujours. J'ai ri aussi parfois, parce que ça faisait du bien. J'essayais d'arracher avec mes mains quelque chose qui coinçait ma gorge, et mes bras avaient très envie de s'ouvrir en grand. Ma bouche n'arrêtait pas de s'ouvrir aussi, comme pour crier, mais ça ne sortait pas. À un moment, je me suis dit que je devais avoir l'air d'une folle, à faire de grands gestes, à pleurer, à rire, sans pouvoir chanter : je m'en fichais. J'avais l'impression que la musique entrait dans mon corps et me permettait enfin de bouger, alors elle allait bien finir par me faire chanter. Et puis il y a eu le refrain et là, l'oiseau m'a demandé : « Comment tu es, maintenant ? » Et là, j'ai entendu ma voix, elle criait : « LIBÉRÉE DÉLIVRÉÉÉÉÉÉÉE ! » De toutes mes forces, j'ai hurlé, j'ai continué à taper du pied et à danser, mais surtout à chanter ! L'oiseau avait l'air aussi délivré que moi, elle m'encourageait, riait avec moi. À un moment, j'ai essuyé mes larmes, et j'ai vu que l'oiseau faisait pareil sur ses yeux. Alors j'ai continué à chanter avec ma voix un peu rauque, et puis la musique s'est arrêtée. Et là, on a rigolé toutes les deux, et elle m'a fait un bisou.

Je m'appelle Lou, j'ai douze ans. Je rentre en 5e. J'ai un amoureux, mais je ne vous en parlerai pas parce que c'est mon secret. Je parle doucement, mais j'arrive à lui dire que je l'aime beaucoup. Je ne vais plus voir l'oiseau depuis quelque temps, parce que j'arrive bien à m'envoler, maintenant.

POUR EN SAVOIR PLUS

Chapitre 1. – L'hypnose à l'hôpital

Sur l'hypnose et la douleur,
et l'expérience de P. Rainville :

Rainville P., Duncan G. H., Price D. D., Carrier B., Bushnell M. C., « Pain affect encoded in human anterior cingulate but not somatosensory cortex », *Science*, vol. 277, n° 5328, 15 août 1997, p. 968-971.

Chapitre 2. – La magie contre les tics

Sur les tics et leurs traitements,
ainsi que sur le syndrome de Gilles de la Tourette :

Freeman R. D., Fast D. K., Burd L., Kerbeshian J., Robertson M. M., Sandor P., « An international perspective on Tourette syndrome: selected findings from 3,500 individuals in 22 countries », *Developmental Medicine & Child Neurology*, vol. 42, n° 7, juil. 2000, p. 436-447.

Khalifa N., von Knorring A. L., « Prevalence of tic disorders and Tourette syndrome in a Swedish school population »,

Developmental Medicine & Child Neurology, vol. 45, nº 5, mai 2003, p. 315-319.

Bohlhalter S., Goldfine A., Matteson S., Garraux G., Hanakawa T., Kansaku K., Wurzman R., Hallett M., « Neural correlates of tic generation in Tourette syndrome: an event-related functional MRI study », *Brain*, vol. 129, nº 8, août 2006, p. 2029-2037.

Jagger J., Prusoff B. A., Cohen D. J., Kidd K. K., Carbonari C. M., John K., « The epidemiology of Tourette's syndrome: a pilot study », *Schizophrenia Bulletin*, vol. 8, nº 2, 1982, p. 267-278.

Jackson S. R., Parkinson A., Kim S. Y., Schüermann M., Eickhoff S. B., « On the functional anatomy of the urge-for-action », *Cognitive Neuroscience*, vol. 2, nº 3-4, sept. 2011, p. 227-243.

Leckman J. F., Walker D. E., Cohen D. J., « Premonitory urges in Tourette's syndrome », *The American Journal of Psychiatry*, vol. 150, nº 1, janv. 1993, p. 98-102.

Kane M. J., « Premonitory urges as "attentional tics" in Tourette's syndrome », *Journal of the American Academy of Child and Adolescent Psychiatry*, vol. 33, nº 6, juil.-août 1994, p. 805-808.

Wang Z., Maia T. V., Marsh R., Colibazzi T., Gerber A., Peterson B. S., « The neural circuits that generate tics in Tourette's syndrome », *The American Journal of Psychiatry*, vol. 168, nº 12, déc. 2011, p. 1326-1337.

Jankovic J., Jimenez-Shahed J., Brown L. W., « A Randomised, double-blind, placebo-controlled study of topiramate in the treatment of Tourette syndrome », *Journal of Neurology, Neurosurgery & Psychiatry*, vol. 81, nº 1, janv. 2010, p. 70-73.

Rath J. J., Tavy D. L., Wertenbroek A. A., van Woerkom T. C., de Bruijn S. F., « Botulinum toxin type A in simple motor tics: short-term and long-term treatment-effects », *Parkinsonism & Related Disorders*, vol. 16, n° 7, août 2010, p. 478-481.

Temel Y., Visser-Vandewalle V., « Surgery in Tourette syndrome », *Movement Disorders*, vol. 19, n° 1, janv. 2004, p. 3-14.

Lazarus J. E., Klein S. K., « Nonpharmacological treatment of tics in Tourette syndrome adding videotape training to self-hypnosis », *Journal of Developmental & Behavioral Pediatrics*, vol. 31, n° 6, juil-août 2010, p. 498-504.

Zahm D. N., « Hypnosis in the treatment of Tourette syndrome », *in* Wester W. C., *Clinical Hypnosis: a Case Management Approach,* Cincinnati, Behavioral Science Center, p. 319-331.

Sur l'agentivité :

Wegner D. M., Wheatley T., « Apparent mental causation. Sources of the experience of will », *The American Psychologist*, vol. 54, n° 7, juil. 1999, p. 480-492.

Haggard P., Chambon V., « Sense of agency », *Current Biology*, vol. 22, n° 10, 22 mai 2012, p. 390-392.

Ganos C., Asmuss L., Bongert J., Brandt V., Münchau A., Haggard P., « Volitional action as perceptual detection: Predictors of conscious intention in adolescents with tic disorders », *Cortex*, vol. 64, mars 2015, p. 47-54.

Chapitre 3. – Les tremblements

Sur l'étude d'Elkins à propos de l'utilisation de l'hypnose dans la maladie de Parkinson :

Elkins G., Sliwinski J., Bowers J., Encarnacion E., « Feasibility of clinical hypnosis for the treatment of Parkinson's disease: a case study », *The International Journal of Clinical and Experimental Hypnosis*, vol. 61, n° 2, 2013, p. 172-182.

Sur le tremblement essentiel :

Zappia M., Albanese A., Bruno E., Colosimo C., Filippini G., Martinelli P., Nicoletti A., Quattrocchi G., Abbruzzese G., Berardelli A., Allegra R., Aniello M. S., Elia A. E., Martino D., Murgia D., Picillo M., Squintani G., « Treatment of essential tremor: a systematic review of evidence and recommendations from the Italian Movement Disorders Association », *Journal of Neurology*, vol. 260, nº 3, mars 2013, p. 714-740.

Fasano A., Deuschl G., « Essential tremor and other tremors » *in* Jankovic J., Tolosa E. (éd.), *Parkinson's Disease and Movement Disorders*, Wolters Kluwer, Alphen aan den Rijn, 2015, p. 278-297.

Rohani M., Fasano A., « Focused ultrasound for essential tremor: review of the evidence and discussion of current hurdles », *Tremor and Other Hyperkinetic Movements*, vol. 7, 5 mai 2017, p. 462.

Sur les travaux d'Ursus Wehrli :

https://www.ted.com/talks/ursus_wehrli_tidies_up_art?language=fr.

Wehrli U., *The Art of Clean Up: Life Made Neat and Tidy*, Chronicle Books, San Francisco, 2013.

Wehrli U., Faubladier A., *L'Art en bazar*, Éditions Milan, Toulouse, 2013.

Chapitre 5. – Les addicts

Sur l'addiction au sucre :

Markus C. R., Rogers P. J., Brouns F., Schepers R., « Eating dependence and weight gain; no human evidence for a "sugar-addiction" model of overweight », *Appetite*, vol. 114, 1er juil. 2017, p. 64-72.

Sur l'utilisation de l'hypnose dans le traitement de l'obésité :

Brodie E. I., « A hypnotherapeutic approach to obesity », *American Journal of Clinical Hypnosis*, vol. 6, n° 3, 1964, p. 211-215.

Chapitre 6. – Les maladies incurables

Sur l'utilisation de l'hypnose pour le stress :

Spiegel D., « Tranceformations: Hypnosis in brain and body », *Depression and Anxiety*, vol. 30, n° 4, avr. 2013, p. 342-352.

Sur l'utilisation de l'hypnose dans le soin du cancer :

Wortzel J., Spiegel D., « Hypnosis in cancer care », *American Journal of Clinical Hypnosis*, vol. 60, n° 1, juil. 2017, p. 4-17.

Chapitre 7. – Les anxieux

Sur les travaux d'Amy Cuddy :

https://www.ted.com/talks/amy_cuddy_your_body_language_shapes_who_you_are?language=fr.

Chapitre 8. – L'impossibilité d'être soi

Sur les pathologies fonctionnelles :

Cojan Y., Waber L., Schwartz S., Rossier L., Forster A., Vuilleumier P., « The brain under self-control: modulation of inhibitory and monitoring cortical networks during hypnotic paralysis », *Neuron*, vol. 62, n° 6,

25 juin 2009, p. 862-875. Voir aussi Véronique Leroy-Malherbe, *Infirmité motrice cérébrale. Le guide pratique*, Édition APF, 2012, www.faire-face/boutique/librairie/imc-le-guide-pratique

Chapitre 10. – Les troubles du langage

Sur la communication et l'utilisation de nos cinq sens :

Bandler R. et Grinder J., *Les Secrets de la communication : Transformez votre vie et celle des autres avec la PNL*, J'ai lu, coll. « Bien-être », Paris, 2011.

Sur « imaginer, c'est faire » :

Szechtman H., Woody E., Bowers K. S., et Nahmias C., « Where the imaginal appears real: a positron emission tomography study of auditory hallucinations », *Proceedings of the National Academy of Sciences of the United States of America*, vol. 95, n° 4, 17 fév. 1998, p. 1956-1960.

Et sur les pratiques psycho-corporelles dont l'hypnose :

Célestin-Lhopiteau I. (dir.), *Soigner par les pratiques psycho-corporelles. Pour une santé intégrative*, Dunod, Malakoff, 2015.

Bioy A., Célestin-Lhopiteau I., Wood C. (dir.), *Hypnose en 50 notions*, collection « Aide-mémoire », Dunod, Malakoff, 2016, 2e éd.

TABLE

INTRODUCTION 7

CHAPITRE 1 : L'HYPNOSE À L'HÔPITAL

Guillaume, super-héros du bloc ! : *L'hypnose au bloc opératoire* 13

Le chat et la grosse aiguille : *Une ponction lombaire sous hypnose* 23

La sonde et les tomates : *Poser une sonde naso-gastrique sous hypnose* 31

CHAPITRE 2 : LA MAGIE CONTRE LES TICS

Colombe et le gentil monstre vert : *Le tic du haussement d'épaule* 37

Clémence et le perroquet bleu : *Le tic des bras, des jambes et de la bouche* 49

L'intervention du SWAT : *Le tic du raclement de gorge* 55

CHAPITRE 3 : LES TREMBLEMENTS

Le réquisitoire de Maître Céline : *Parkinson* 63

Du rangement et de l'ordre ! : *Le tremblement non parkinsonien* 75

Pauvre petit tremblement… : *Un autre tremblement parkinsonien* 81

CHAPITRE 4 : LES ALÉAS DE LA VIE

L'excentrique amoureuse : *Un chagrin d'amour* 87

Madame F. détourne les yeux : *Le travail de deuil* 95

CHAPITRE 5 : LES ADDICTS

Voyage au cœur du cerveau de Patricia : *L'addiction au sucre* 103

Les ruptures de Jeff et de Claire : *Arrêter de fumer* 113

CHAPITRE 6 : LES MALADIES INCURABLES

La combattante : *Vivre avec un cancer* 119

Action... ça tourne ! : *Vivre avec une sclérose en plaques* 129

CHAPITRE 7 : LES ANXIEUX

L'ange sort de sa boîte : *Le manque de confiance en soi* 137

Le confort vert du peintre : *L'anxiété et le stress* 147

CHAPITRE 8 : L'IMPOSSIBILITÉ D'ÊTRE SOI

Flore visite les années 1980 : *L'anorexie* 153

Alicia-Franck : *La question de l'identité sexuelle* 159

CHAPITRE 9 : LES TROUBLES DU LANGAGE

Mia et Gaga : *Le bégaiement d'une petite fille* 169

La chasse à courre de Jules : *Le bégaiement d'un jeune garçon* 179

Le jardin des mots de François : *L'aphasie* 183

CHAPITRE 10 : QUAND TOUT N'EST PAS AUSSI SIMPLE

« Vous me gonflez, là ! » : *La claustrophobie* 191

La vieille femme, sa canne et son mari : *L'anxiété de la chute* 199

« Tu dis n'importe quoi ! » : *La difficulté de laisser place à l'imagination* 205

UNE JOURNÉE D'AUTO-HYPNOSE 211

LOU 217

Pour en savoir plus 223

L'EXEMPLAIRE QUE VOUS TENEZ ENTRE LES MAINS A ÉTÉ RENDU POSSIBLE
GRÂCE AU TRAVAIL DE TOUTE UNE ÉQUIPE.

ÉDITION : Gaëlle Fontaine
COUVERTURE : Sara Deux
MISE EN PAGE : Soft Office
PHOTOGRAVURE : Point 11
RÉVISION : Laurent Raymond et Aleth Stroebel
FABRICATION : Marie Baird-Smith et Maude Sapin

COMMERCIAL : Pierre Bottura
COMMUNICATION : Isabelle Mazzaschi et Jérôme Lambert, avec Adèle Hybre
RELATIONS LIBRAIRES : Marie Labonne et Jean-Baptiste Noailhat

RUE JACOB DIFFUSION : Élise Lacaze (direction), Katia Berry (Grand Sud-Est), François-Marie Bironneau (Nord et Est), et Charlotte Jeunesse (Paris et région parisienne), Christelle Guilleminot (Grand Sud-Ouest), Laure Sagot (Grand Ouest), Diane Maretheu (coordination) et Charlotte Knibiehly (ventes directes), avec Christine Lagarde (Pro Livre), Béatrice Cousin et Laurence Demurger (équipe Enseignes), Fabienne Audinet et Benoît Lemaire (LDS), Bernadette Gildemyn et Richard Van Overbroeck (Belgique), Nathalie Laroche et Alodie Auderset (Suisse), Kimly Ear (Grand Export)

DISTRIBUTION : Hachette

DROITS FRANCE ET JURIDIQUE : Geoffroy Fauchier-Magnan
DROITS ÉTRANGERS : Sophie Langlais
ENVOIS AUX JOURNALISTES ET LIBRAIRES : Patrick Darchy
LIBRAIRIE DU 27 RUE JACOB : Laurence Zarra
ANIMATION DU 27 RUE JACOB : Perrine Daubas
COMPTABILITÉ ET DROITS D'AUTEUR : Christelle Lemonnier avec Camille Breynaert
SERVICES GÉNÉRAUX : Isadora Monteiro Dos Reis

Achevé d'imprimer en France sur les presses de l'imprimerie Corlet
à Condé-sur-Noireau en mai 2018.

ISBN : 978-2-35204-923-4
N° d'impression : 196917
Dépôt légal : juillet 2018